JN120204

住民論

統治の対象としての住民から
自治の主体としての住民へ

渡部　朋宏

公人の友社

目次

序章　福島原発事故における 避難住民の現状と住民概念

　「住民」とはいかなる存在か。日常生活において住民の概念を改めて考える機会はそう多くないであろう。多くの住民にとっては、「住所」「生活の本拠」「住民登録」そして「選挙権」を行使する自治体が一致していることが通常である[1]。しかしながら、この前提が根底から覆される事態が発生した。東日本大震災と東京電力福島第一原子力発電所の事故（以下「福島原発事故」という。）である。

　福島原発事故における住民の避難にあたっては、国や県の支援が期待できない中で、基礎的自治体が自らの判断により地域住民の避難を最優先に行動し、避難住民の砦として機能した。しかしながら、原発事故から9年半が経過した現在、国主導による復興という名のもと、避難住民の意思を無視する形で帰還政策が推し進められ、国は原発事故の終息に邁進している。避難指示が解除された自治体の住民帰還率を確認すると、未だに多くの避難者が避難元自治体に住民登録をしながら、避難先自治体で生活している実態が浮かび上がる。【図表1】は2020年3月10日時点の避難区域の状況を示したものであり、原発避難自治体のうちほぼ全域避難となった自治体（以下、「全域避難自治体」と

---

[1] ただし、居住地と住民登録地が一致していない事例は、単身赴任者や学生など現実には数多く存在する。また、個人の市町村民税は、当該市町村内に住所を有しない者であっても、住所地以外の市町村内に事務所、事業所又は家屋敷を有する者に対しては均等割が課されており、住所地市町村のみで住民の権利義務が生じているわけではない。

いう。）の居住人口を示したものが【図表2】である。避難指示が解除されたにもかかわらず、多くの自治体において居住者が増えていない状況が確認できる。全域避難自治体で最も早く避難指示が解除され、5年が経過した楢葉町における居住者数は、2020年7月31日現在4,025人と、2020年1月1日現在の住民基本台帳人口（6,845人）の58.8％にとどまっている。このことは、多くの楢葉町民が楢葉町に住民登録をした状態で、楢葉町以外の避難先で生活していることを意味している。

　復興庁が実施した住民意向調査において、「楢葉町に戻っている」と回答した以外の方の現在の居住地を聞いたところ、67.9％が近隣のいわき市[2]と回答し、居住形態として持ち家（一戸建）が35.7％と最も多かった（復興庁・福島県・楢葉町2018：8-9）。現在の居住形態で持ち家が多くを占めることは、実質的な生活拠点が避難先にあると考えられる。では、なぜ避難先に住民票を移さないのか。今井照の調査によれば、その理由として「気持ちは震災前の地域の住民である」「自分の意思で今の場所に住んでいるわけではない」「○○町の住民だという気持ちが強いから」「ふるさとに帰るという希望は捨てていない」「私たちが生きているうちは○○町の住民でいたいと思います」「仕事の都合上も2つの家が存在すればよい」「移す理由がない。死ぬまで変えない。住民票を移すのは一切考えておりません」「この事故前まで愛した町なので」など避難住民の切実な思いが確認できる（今井2018：60-62）。

　このような実際の居住地（避難先）と住民登録地（避難元）が一致していない避難生活が9年半を超える超長期的期間に渡っている現実を踏まえ、これらの避難者の本来あるべき住民としての権利（一方で負担すべき義務）はどのように保証されているのか。これが本書における課題設定である。

　長期的な避難生活を余儀なくされた避難者に対する住民としての権利を保障するため、今井照は「二重の住民登録」を提唱した。これは、「帰還」でも「移住」でもなく、いずれ帰るが現在は避難を続けるという「避難継続（将来帰還・

2　福島県内で最大の人口、面積をもち、中核市に指定されている浜通りの中心都市

待避）」という第3の道への対応として、避難先と避難元での双方において市民としての権利と義務（シチズンシップ）を保証する制度である（今井2016a：29-30）。そして、地続きの土地による固まりを行政機能（自治体）の単位とする現行制度は明治以降であり、それまでは人の固まりが行政機能の単位であったことから、土地の括りとの直接的な関係をもたない人の括りを基にしたバーチャルな自治体や地域社会を制度的に保証することの可能性に言及している（今井2011c：15）。避難住民に係る「二重の地位」については、2017年9月、日本学術会議による「東日本大震災に伴う原発避難者の住民としての地位に関する提言」に盛り込まれた。

　二重の住民登録に対して、国の見解は「被災後に原発避難者特例法[3]という法律をつくりまして、住民票を移さなくても避難先の自治体から住民サービスを受けられる制度ができてございます。(中略)当時、二重の住民票という議論がありましたけれども、今のところそのような声は地元の自治体から聞いておりません[4]」とし、具体的な検討の意思は見られない。

3　正式名称は「東日本大震災における原子力発電所の事故による災害に対処するための避難住民に係る事務処理の特例及び住所移転者に係る措置に関する法律」であり、以降本書では「原発避難者特例法」という。
4　2013年4月30日に開催された第30次地方制度調査会第32回専門小委員会における原総務省市町村課長の答弁

図表1：避難区域の状況（2020年3月10日時点）[5]

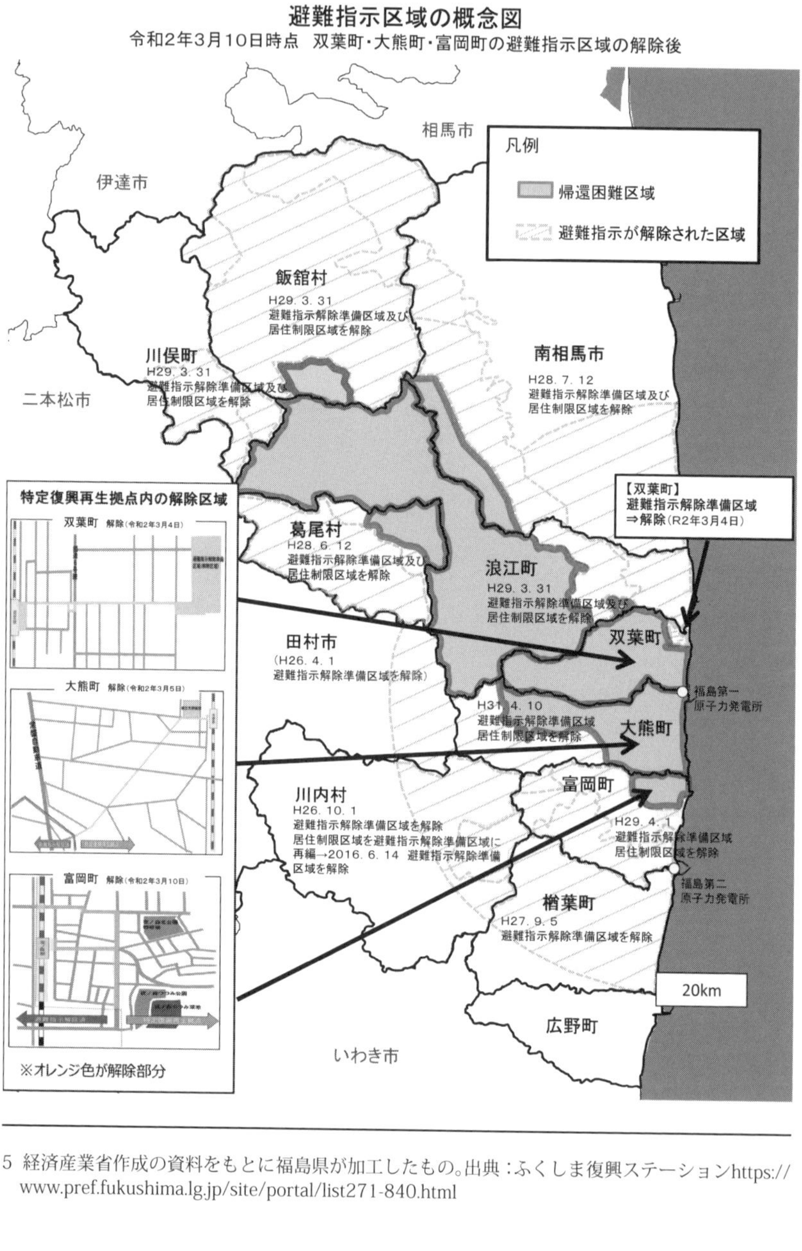

避難指示区域の概念図
令和2年3月10日時点 双葉町・大熊町・富岡町の避難指示区域の解除後

凡例

帰還困難区域

避難指示が解除された区域

相馬市

伊達市

飯舘村
H29.3.31
避難指示解除準備区域及び
居住制限区域を解除

川俣町
H29.3.31
避難指示解除準備区域及び
居住制限区域を解除

二本松市

南相馬市
H28.7.12
避難指示解除準備区域及び
居住制限区域を解除

特定復興再生拠点内の解除区域

双葉町　解除（令和2年3月4日）

大熊町　解除（令和2年3月5日）

富岡町　解除（令和2年3月10日）

※オレンジ色が解除部分

葛尾村
H28.6.12
避難指示解除準備区域及び
居住制限区域を解除

浪江町
H29.3.31
避難指示解除準備区域及び
居住制限区域を解除

田村市
（H26.4.1
避難指示解除準備区域を解除）

【双葉町】
避難指示解除準備区域
⇒解除（R2年3月4日）

双葉町

福島第一
原子力発電所

H31.4.10
避難指示解除準備区域
居住制限区域を解除

大熊町

川内村
H26.10.1
避難指示解除準備区域を解除
居住制限区域を避難指示解除準備区域に
再編→2016.6.14 避難指示解除準備
区域を解除

富岡町
H29.4.1
避難指示解除準備区域
居住制限区域を解除

福島第二
原子力発電所

楢葉町
H27.9.5
避難指示解除準備区域を解除

20km

広野町

いわき市

---

5 経済産業省作成の資料をもとに福島県が加工したもの。出典：ふくしま復興ステーションhttps://
www.pref.fukushima.lg.jp/site/portal/list271-840.html

図表2：原発避難自治体（全域避難自治体）の居住人口

自治体名	住基人口		居住人口（b）		b/a	避難指示解除時期[6]
	震災時	2020.1.1 (a)				
楢葉町	8,011	6,845	4,025	2020.7.31	58.8%	2015.9.5
富岡町	15,960	12,728	1,489	2020.8.1	11.7%	2017.4.1
大熊町	11,505	10,313	854	2020.8.1	8.3%	2019.4.10
双葉町	7,147	5,911	0	—	0.0%	2020.3.4
浪江町	21,434	17,166	1,022	2020.7.31	6.0%	2017.3.11
葛尾村	1,567	1,408	441	2020.8.1	31.3%	2016.6.12
飯舘村	6,509	5,467	1,469	2020.8.1	26.9%	2017.3.31

※ 各自治体のHPより筆者作成（居住人口には転入者含む）

　二重の住民登録については、研究者をはじめとして様々な意見が述べられている。一例をあげると、太田匡彦は、「二地域居住と住所の問題ですが、そこはパターンを分ける必要があると思います。1つは、1人の人が行ったり来たりする。1人の人が2つ住所を持っていると見ることが可能ではないかというタイプの二地域居住があります。この場合は住んでいる時期を長期的に見て、夏はあそこ、冬はあそことかという感じであれば住所を2カ所認定することも、選挙権の問題を除けば実務的にも考えられるかもしれませんし、私は理論的には、少数派であることは自認しますが、二重に住所を認めて2つの地方選挙権を持ったとしても違憲にはならないのではないか[7]」として二重の住所及び選挙権の可能性に言及する一方で、複数の住民であることを認めるためには、その要件として、複数住所を認めるか、あるいは財の所在か過去の居住か何かを使うことになり、住民の押し付け合い・奪い合いが起こるだろう（嶋田・阿部・木佐2015：184-185）として、その困難性を指摘している[8]。また、震災

6 富岡町、大熊町、浪江町、飯舘村については、避難指示解除準備区域・居住制限区域の解除。双葉町については、避難指示解除準備区域の解除。
7 2015年4月22日に開催された第31次地方制度調査会第16回専門小委員会における発言
8 太田は、「二重の住民登録」の提言を評価しているわけではないとして、仮に、半定住や二地域居住を行う者にどちらの居住先にも自治法上の住所を認めるとする場合、自治体の区域内に住所を有する者が住民であるという理解の変容を導くわけではなく、また、半定住や二地域居住を行う者とそうでない者も等しく住民の地位を有するから相互の間で自治体の提供するサービスの内容を差

直後、二重の住民登録を許容すべきと主張していた西尾勝は、「複数の市町村への住民登録を許容することは、転出・転入の正確な把握を一層困難にし、住民が現に居住している住所地を特定できなくなるだけでなく、住民が複数の市町村において選挙権を有する結果になりかねず、選挙制度の根幹を揺るがすことにもつながるので、適当ではない」(西尾2013：221)との考えを示している。

　これらの意見は、現行制度の枠組みの中で、二重の住民登録を運用することの問題点を踏まえたものと言えるだろう。他方で、当事者である避難住民は、二重の住民登録についてどのように考えているのか。富岡町から東京都へ避難している、とみおか子ども未来ネットワーク理事長の市村高志は、「避難先でも富岡町民でありたい。『二重の住民登録』を聞いたとき、感情と実生活の一部がつながる安堵感を感じた[9]」と話している。また、楢葉町から福島県会津地方へ避難し、生活している住民は、「今の自分の気持ちとしては、会津が主で楢葉が従。いつまでも悩んでばかりいられない。会津で生計を立てていくつもり。でも、いくらかでも楢葉に残しておかないと、と思う。故郷を2つ持つ可能性はあると思う[10]」と話し、苦悩の中で自らの生活を懸命に見出そうとする思いから、二重の住民登録の必要性が確認できる。また、武藤博己は、「2ヵ所に住んでいる人は実態としておりますので、やはり2ヵ所の住所が必要になる。(中略)実態に即した制度にしていく必要があるのではないか[11]」として新たな制度構築の必要性に言及している。

　本書は、これら二重の住民登録を議論する前提として、そもそも住民とはいかなる存在なのか、そして現代の日本において住民概念がどのように形成されてきたのかについて、「住民論」として体系化を目指すものである。特に、住

別化しつつもそれは差別でないとすることのハードルが高くなると予想されるとしている。また、一人の自然人ないし法人が住民の地位を有することに伴う様々な調整問題が生じるほか、住民の地位を複数有する自然人ないし法人の負担の調整・負担の上限を画するために国が法律でもって介入する可能性が更に高まるとしている(太田2016：21)。

9　2016年12月8日福島市で開催された自治体政策研究会での発言
10　2016年5月31日に筆者が実施したヒアリング調査より。
11　2015年4月22日に開催された第31次地方制度調査会第16回専門小委員会における発言

所単数制を採用する住民登録制度をはじめとする現行制度において、居住実態とかけ離れた現状とその制度的限界を示すとともに、これらの法制が住所単数制を頑なに守ろうとしているその要因について、地方自治制度と住民登録制度の歴史的経過に焦点を絞り、考察を加える。

　各章の概要は、以下のとおりである。
　第1章では、福島原発事故において全域避難を余儀なくされた楢葉町について、住民の避難経過と現状について整理する。楢葉町は、全域避難自治体の中で最も早く避難指示が解除された自治体であり、他自治体の復興に向けたメルクマールとなるものである。また、避難経過において中心的な役割を担い、かつ地域社会の復興や自治の担い手としても重要な役割を果たしている自治体職員に焦点をあて、帰りたくても帰れない状況と住民の帰還を促す職員としての使命との間で苦悩する自治体職員の実態について明らかにしていく。
　第2章では、住民及び住民の要件となる住所について、先行研究や判例等を踏まえ、現行制度における住民概念について整理する。また、福島原発事故避難者に対して特例的に認められた原発避難者特例法の内容を考察する。福島原発事故避難者に対する国の制度は、避難元自治体への帰還を前提としたものであり、現行制度における住民の概念を頑なに守ろうとした結果、避難住民の生活実態との間に様々な矛盾が生じていることを明らかにする。
　第3章では、自治体と住民との関係に焦点をあて、明治以来の地方自治制度の制定過程において、住民概念が構築される経過について考察する。明治地方制度初期段階では、「住居」が住民の要件とされたが、1911（明治44）年の改正により「住所」に基づく住民が定義された。この改正は、住民の居住実態からの制度設計ではなく、中央集権の強化と効率的な行政執行を目的とした「国民管理」のための制度であり、戦後改革により官治の機構が解体されたにもかかわらず住民概念に関してはそのまま継承され、現在に至っていることを明らかにする。

　第4章では、住民を把握する仕組みとしての住民登録制度に焦点をあて、その制度構築の過程について、考察する。住民登録制度は、住民の生活実態から構築されたものではなく、統治の手段として、行政システムをより効率的に機能させるため、「住所」というフィクションにより人を把握しようとする仕組みに過ぎない。そして、国民管理装置として制度化されたものであり、その考えは現在の住民基本台帳法においても継承されていることを明らかにする。

　憲法で規定された地方自治の本旨を踏まえ、主権者である住民にとって、自らが求める地域に住む、あるいは住み続けられる権利を保障されることが前提となる。言い換えれば、住民に対してその権利を保障することが、国あるいは地方自治体に課せられた本来の役割である。住民のあるべき姿として、国や自治体による統治の対象としての立場から、住民自治の主体へ転換していくことが求められる。多様な住民の生活実態を踏まえれば、住所複数制を採用し「人口流動」を制度的に保証することが効果的である。このことは、都市一極集中を是正し、分散型地域社会の形成や人口減少が続く地域社会のあり方に根本的な変革をもたらし、2020年代の住民概念を大きく変えるものである。更に、今後起こり得る住民の避難を要するような大規模災害への対策としても有効であることを本書を通して明らかにしていく。

第1章 福島原発事故における避難経過と 住民の意識 〜楢葉町を事例に〜

不平や不満はたくさんあるが、帰れる家がある人に何を言ってもしょうがない。希望もない。ただ楢葉の家に帰りたいだけ。そして死を待つだけ・・・

この言葉は、東日本大震災及び福島原発事故の影響で、町内のほぼ全域が避難指示区域に指定された楢葉町から、姉妹都市であり災害時相互応援協定を締結していた会津美里町へ避難し、会津美里町に建設された仮設住宅に入居した避難住民の声である[1]。突然の避難による絶望の中での生活を余儀なくされた避難住民の心の叫びがにじみ出ている。

原発事故から9年半が経過した現在、国や県、市町村が復興という名のもとに原発事故の終息へ向かう中で、避難住民の思いや実態が忘れ去られようとしている。避難指示が解除された現在も、避難住民にとっての超長期的避難生活は続いている。

本章では、福島原発事故における避難住民の現状を考察するため、全域避難自治体の中で最も早く避難指示が解除された楢葉町を事例に、福島原発事故発生当初からの住民の避難経過について、筆者が実施したヒアリング調査やアンケート調査を基に整理する。また、町の復興にあたって中心的な役割を担

---

1 2011年7月、会津美里町宮里仮設住宅入居者に対して筆者が実施したアンケート調査の自由意見

う自治体職員に焦点をあて、町の復興と自らの業務について様々な葛藤を抱えている現状を示していく。これらの状況は、原発避難自治体共通の実態であり、住民の思いとかけ離れた復興の現状が明らかになる。

1. 楢葉町の概要と災害時相互応援協定の締結

　楢葉町は、福島県浜通り地方に位置し、103.45㎢の面積を有している。東は太平洋、西は川内村、いわき市、北は富岡町、南は広野町に接している。東日本型海洋性の太平洋岸式気候で、比較的寒暖の差も少なく、積雪も年に数回程度と1年を通して過ごしやすい気候を有している。

　楢葉町は、同じ福島県内にある会津美里町[2]と姉妹都市協定を締結していた。そのきっかけは、両町村の首長同士の交流であった。当時の山田忠彦新鶴村長と草野孝楢葉町長は、同じ1934（昭和9）年生まれで、首長に当選した時期も近かったことから、首長同士の会合の席上などで、活発な意見交換をしていた。1995年8月に磐越自動車道が開通したことにより、両町村の時間的な距離が一気に縮まった。1996年8月、両町村の姉妹都市協定が締結された。

　山田村長と草野町長との雑談の中で「楢葉町での原子力災害、新鶴村での土砂崩れなど互いの町村で大規模な災害が起こった際に、磐越自動車道でほぼ中間点になる三春インターチェンジを拠点にして、支援物資の交換を行うなど協力し合ってはどうか」という意見が出された。これが、両町村間の災害時相互応援協定の締結へとつながっていく。

　1997年7月10日、楢葉町と新鶴村の「災害時相互応援協定」が締結された。協定書の調印後、山田村長が「地域住民が安心して暮らすためには、災害はあってはならない訳でありますが、しかし、発生した場合は、当然、敏速に住

2　福島県会津地方に位置し、東は会津若松市、西は柳津町、北は会津坂下町、南は下郷町、昭和村に接している。2005年10月1日に会津高田町、会津本郷町、新鶴村の旧3町村合併により誕生した。

民の安全確保の措置を講じなければなりません。このような中において、この度、楢葉町さんと災害時相互応援協定がめでたく締結されましたことは、住民上げての喜びとするものであり、両町村が今後21世紀に向けて飛躍していく上において、不可欠なものであると期待しております。今後においては、災害時応援協定を契機とし、友好町村として絆を更に深めてまいりたいと考えております。」と挨拶している。新鶴村は、2005年10月1日、町村合併により会津美里町になったが、両町の住民同士の交流は、その後も活発に行われていた。

そして、2011年3月11日、早急に住民の安全を確保しなければならない事態が発生する。

2.福島原発事故発生からの避難経過[3]

次に、楢葉町における福島原発事故の避難経過について時系列に整理する。

福島原発事故の発生直後、楢葉町独自の判断で、避難先として会津美里町を選択し、両町の連携により迅速な避難対応を行った。「全町民が会津へ避難」とのかけ声のもと、楢葉町災害対策本部を会津美里町へ移転するとともに、会津美里町内に宮里仮設住宅を建設した。しかしながら、楢葉町に近いいわき市での生活を望む避難住民が予想以上に多く、災害対策本部をいわき市に再移転するとともに、いわき市にも仮設住宅を建設し、役場機能としていわき出張所と会津美里出張所を設置することになる。

【震災発生直後】

2011（平成23）3月11日午後2時46分に東日本大震災が発生し、その3分後には大津波警報が発令された。楢葉町では午後3時に災害対策本部を設置

---

3 避難経過については、筆者による調査のほか、楢葉町（2014）『楢葉町災害記録誌［第1編］』を参考にした。

し、沿岸の行政区に対して避難指示を行った。警報発令から約10分後には津波が到達したが、第一波はそれほど大きなものではなく、その後の第二波、第三波と進むにつれ次第に規模が大きくなった。実際に来た津波は、高さ約15メートル級で、予想をはるかに超えるものであった。避難指示の対象となった沿岸の行政区では、普段から津波災害の避難ワークショップや訓練を行っていたこともあり、概ね迅速な避難が行われたが、避難誘導にあたった消防団員を含む13名の尊い命が津波によって奪われた。

　午後4時頃には一次避難所への避難が完了していたが、一次避難所となっている地区集会所等の耐震上の問題から更なる高台への避難誘導へ切り替え、楢葉町所有のバスや自家用車により二次避難所への移動を行った。午後8時30分の段階で災害対策本部が把握していた避難者数は合計1,442名であった。

　午後9時23分には福島第一原発から半径3km圏内に避難指示が出された。

【いわき市への避難】

　翌3月12日には、避難指示区域が福島第一原発から10km圏内に拡大された。当初3kmだった避難指示区域が、次は10kmというように次々と拡大されていく。そして、避難指示の拡大とともに「直ちに健康には影響はない」という政府の説明により、政府に対する信頼感が次々に崩壊していくことになる。

　午前7時に災害対策本部を開催し、今のところ楢葉町に対する避難指示はでていないが、風向きによっては放射性物質の拡散がどのように変化するか予想できないことや今後の避難状況によっては道路の混雑も考えられることから、まずはいわき市に対して避難者受け入れの要請を行うことを確認した。いわき市への避難を要請した背景には、1998年に楢葉町を含む双葉地方町村といわき市との間で「災害時における相互応援協定」が締結されていた経緯があった。

　午前7時45分、これまでの福島第一原発に対する避難指示とともに、福島第二原発に対する避難指示が出された。

　午前8時に楢葉町としていわき市への全町避難を決断した。防災無線と広報

車により、住民に対して避難を呼びかけた。消防にも協力を要請し、避難の呼びかけを行った。子どもと高齢者を最優先に町所有のバスや民間のバスによりピストン輸送を行うとともに、自家用車で移動できる住民はいわき市の避難所へ避難するよう呼びかけた。この段階でのいわき市の避難所への避難者数は、5,700名を超えていた。これは、楢葉町民の70％を超える住民数である。他の住民は自らの判断で、親せき宅等へ避難した。いわき市の避難所では断水が続いており、支援物資の情報も錯綜していた。

　午後3時36分には、福島第一原発1号機の水素爆発が起こる。その後、楢葉町ではいわき市中央台南小学校に災害対策本部を設置した。

【会津美里町への避難】

　3月13日、楢葉町から会津美里町へ災害時相互応援協定に基づく支援物資の協力依頼が行われた。会津美里町では、楢葉町からの協力依頼を受け支援物資の準備に取りかかった。灯油ローリー2トン車1台、ポリタンク48本、ガソリン携行缶12個、手もみポンプ20本を準備し、町職員等5名で楢葉町へ向かった。高速道路の通行許可が下りなかったため、一般道路経由で約5時間かけて楢葉町に到着し、支援物資を搬出した。

　3月14日午前9時45分に災害対策本部を開催し、姉妹都市であり災害時相互応援協定を締結していた会津美里町への避難を決定した。この決定は、避難生活が長期化する状況を踏まえ、今後もいわき市の学校施設を避難所にするのは困難であることや放射性物質に対する情報が不十分で避難者の中でも過剰な反応が見られ、緊張感が高まっていることなどから、早急に会津へ避難することが必要であると判断したためである。

　3月15日には楢葉町議会議長及び教育総務課長が会津美里町役場に出向き、災害協定に基づく支援の内容について協議するとともに、避難者の受け入れを正式に依頼した。災害対策本部のかけ声は「全町民が会津へ避難」だった。会津美里町でも受諾し、翌日からの受け入れを行うため、避難所の開設準備に取りかかった。また、その日の朝、いわき市内の避難所へ避難している住民に

対して、放射性物質による甲状腺への内部被ばく対策として安定ヨウ素剤が配付された。この決定は、全町避難と同様、楢葉町独自の判断であったが、その後、安定ヨウ素剤の服用指示が出されることはなかった。

　3月16日から会津美里町への避難を開始し、4月3日まで合計7回、約1,000名の方が避難した。この避難にあたり、子どもと高齢者を最優先に考え、暖房が完備された施設に優先的に入れるなど避難者の状況に応じた避難を行った。一方で、会津美里町へは避難せず、「地元に近い方がいい」「いわき市の職場に通うためにとどまりたい」「知らない土地になんか行きたくねぇ」「子どもたちの学校はどうなるのか」などの理由でいわき市での生活を希望する住民も少なくなかった。

【災害対策本部の移転と仮設住宅への入居】

　3月25日、会津美里町役場本郷庁舎に災害対策本部を設置するとともに、翌26日には楢葉町役場会津美里出張所を設置した。災害対策本部の移転に伴い、97人の町職員中、71人が会津美里町へ移動し、26人がいわき市に残ることになった。会津美里町へ移動した避難者は最終的に1,195名となる一方で、いわき市には4,000名を超える楢葉町民が残っていた。4,000名を超える住民に24時間体制で対応する職員の職務は過酷を極めた。

　4月3日からは、福島県で準備したホテル・旅館等への避難が始まった。

　4月22日に福島第一原発から20km圏内が警戒区域に設定され、強制的に立入が禁止された。

　4月25日に楢葉町役場会津美里出張所において、18日から発行していた住民票と罹災証明に続き、戸籍の発行業務等を再開するとともに、4月26日にいわき市のいわき明星大学内大学会館にいわき出張所を開設した。

　6月11日から会津美里町、7月1日からはいわき市に建設された仮設住宅への入居が開始されるとともに、民間賃貸住宅による借上げ住宅の供給も行われた。

　8月21日現在の楢葉町民の状況は、所在確認済みが8,032名で、うち県内

が5,940名で74%、県外が2,092名で26%であった。県内における避難先の状況は、いわき市4,409名、会津若松市366名、会津美里町539名、郡山市136名、下郷町71名、福島市77名等であった。県外では、茨城県318名、埼玉県311名、東京都317名、千葉県245名、神奈川県159名、新潟県146名、栃木県95名等と、全国各地に避難先が広がっている状況であった。

【その後の経過】

2012年1月17日に災害対策本部がいわき明星大学内大学会館に移設された。

2012年8月10日に警戒区域が解除され、避難指示解除準備区域に再編された。

2014年5月29日に、楢葉町として「帰町の判断」を決断するとともに、帰町の時期を2017年春と発表した。

2015年4月6日から7月5日にかけて、故郷への帰還に向けた準備のための宿泊（準備宿泊）が実施された。

2015年9月5日午前0時、楢葉町全域における避難指示が解除された。

2017年4月6日から町内の小中学校が、4月7日からこども園が再開された。2020年10月1日現在の児童生徒数の現状は、小学生100人（2010年末の432人に対して23.1%）、中学生39人（2010年末の254人に対して15.4%）こども園104人（2010年末の247人に対して42.1%）となっている。中学生の割合が低いのは、隣接した広野町にある中高一貫校、ふたば未来学園[4]を希望する生徒が少なくないことによる。また、仮設住宅供与期間が、特別延長を除き2018年3月31日で終了となった。

現在、楢葉町では、公営住宅・分譲住宅地の整備、町民や町内事業者の暮らし

---

4 東日本大震災及び福島原発事故のために、福島県双葉郡の高等学校はサテライト校として県内各地8校に分散した。双葉郡8町村では、困難な状況を乗り越え復興を実現する鍵は人材育成にあるとの考えのもと、「双葉郡教育復興ビジョン」を2013年7月に取りまとめ、そのビジョンの柱の一つとして、ふたば未来学園高等学校が2015年4月8日に開校した。福島県内で初めてスーパーグローバルハイスクールに指定されている。2019年4月8日には、ふたば未来学園中学校が開校し、併設型中高一貫校となった。

の再生と新たな居住を促進するための医療・福祉・商業・交流施設の集積事業、企業誘致による働く場の確保、営農再開に向けた取組み、水道水の放射性物質検査などによる安心できる生活環境の回復に向けた取組みを進めている。また、福島第一、第二原子力発電所の現状を把握し、廃炉に向けた作業が確実に行われているか町として独自に監視する組織として「楢葉町原子力施設監視委員会」を設置した。2019年4月13日には、屋内運動場（アリーナ）、温水プール、フィットネスジム、ランニングコースが併設された屋内体育施設「ならはスカイアリーナ」がオープンした。

【図表1-1：楢葉町を中心とした主な避難経過】

2011.3.11	19:03	福島第一原発　原子力緊急事態宣言発令
	21:23	福島第一原発から半径3km圏内に避難指示
		福島第一原発から半径10km圏内に屋内退避指示
2011.3.12	5:44	福島第一原発から半径10km圏内に避難指示
	7:45	福島第二原発　原子力緊急事態宣言発令
		福島第二原発から半径3km圏内に避難指示
		福島第二原発から半径10km圏内に屋内退避指示
	17:39	福島第二原発から半径10km圏内に避難指示
	18:25	福島第一原発から半径20km圏内に避難指示
2011.3.15	11:00	福島第一原発から半径20～30km圏内に屋内退避指示
2011.4.22	0:00	福島第一原発から半径20km圏内を警戒区域に設定 （警戒区域・計画的避難区域・緊急時避難準備区域に再編）
2011.9.30	18:11	緊急時避難準備区域が解除
2012.4.1～	－	警戒区域、計画的避難区域を年間積算線量の状況に応じて、順次、避難指示解除準備区域、居住制限区域、帰還困難区域に再編
2012.8.10	0:00	楢葉町の警戒区域解除（避難指示解除準備区域に再編）
2014.5.29	－	楢葉町「帰町の判断」表明【2017年春】
2015.9.5	0:00	楢葉町全域における避難指示が解除

（筆者作成）

【写真1-1：楢葉町を襲った大津波と現在の復興の様子】

《2011.3.11》

（楢葉町提供）

《2020.9.17》

（同日筆者撮影）

【写真1-2：いわき市に設置された避難所（平第6小学校)の様子（2011.3.13）】

（楢葉町提供）

【写真1-3：本郷児童クラブからのメッセージ】

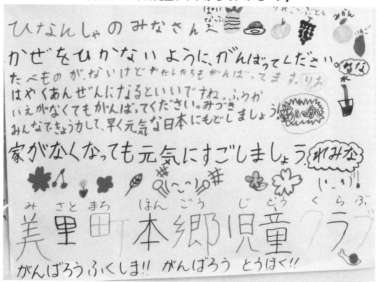

（会津美里町提供）

【写真1-4：会津美里町へ向かうバスの様子と雪景色（2011.3.17）】

（楢葉町提供）

【写真1-5：会津美里町役場本郷庁舎内空き議場での業務の様子】

（会津美里町提供）

【写真1-6：2011年4月22日警戒区域に設定された】

（楢葉町提供）

【写真1-7：復興が進む新たな街並み】

（2017 年 9 月 26 日筆者撮影）

（2020 年 9 月 17 日筆者撮影）

【写真1-8：ならはスカイアリーナ】

（2019 年 8 月 27 日筆者撮影）

3. 避難住民の意識

　会津美里町への避難を決断し、役場機能及び災害対策本部を会津美里町へ移転した楢葉町であるが、そのことに対して、避難住民はどのように感じたのか。筆者が実施したアンケート調査[5] の結果に基づき、分析を加える。

【避難先の判断】

　避難住民は、どのような情報に基づき避難先を選択したのか。【図表1-2】は、会津美里町宮里仮設住宅入居者に対し、避難先を移る時に参考にしたことは何か聞いたものである。震災当初に避難先を選択するにあたり、役場からの案内・指示を参考にしたと答えた人が76%となった。次に多いのは、周囲の流れの13%となった。

　楢葉町は、3月14日に会津美里町への避難を決定している。3月12日の段階でのいわき市の避難所への避難者数は約5,700名、全町民の70%を超えていたが、実際に会津美里町へ避難した人数は約1,000名（全町民の12%程度）であった。会津美里町への避難の判断にあたっては、役場の案内や指示と周囲の流れを参考に、楢葉町役場とともに移動した経過が読み取れるが、他の多くの楢葉町民は自らの判断で避難先を確保したのである。

　会津美里町宮里仮設住宅を入居先に選んだのはどのような理由であろうか。【図表1-3】が調査結果であり、避難当初の2011年調査と2016年調査の比較もあわせて行っている。避難当初の段階では、子どもが会津美里町内の学校に通っていること（39%）と楢葉町災害対策本部があること（31%）を理由としてあげている割合が高く、2つの項目で半数を超えている。また、原子力発

5　会津美里町調査は2011年7月14日【配布世帯数188、回答世帯数111（回答率59.0%）】、2016年7月21日【配布世帯数82、回収世帯数55（回答率67.1%）】に会津美里町宮里仮設住宅への入居者に対して実施した。いわき市調査は2011年9月14日【配布世帯数190、回答世帯数121（回答率63.7%）】にいわき市高久第9・第10応急仮設住宅入居者に対して実施した。

電所より遠いことも13％の避難住民が理由としてあげている。

　一方、避難から 5 年が経過した2016 年調査では、ほかに行くところないとの回答が42％となった。避難当初の7％から大きく増えている。その要因として、楢葉町会津美里出張所の職員は「いわき市に行ける人はもう行っている。行けない人が会津美里町仮設住宅に残っている。支援が必要な人も多い」と話した[6]。2016 年調査の段階で、入居者の約 7 割が60 代以上であり、約6 割が一人世帯であった。

【図表1-2：避難先を移る時に参考にしたこと（会津美里町調査2011 年）】

新聞・テレビの情報
3%
周囲の流れ
13%
離れている親類・知人の勧め
5%
近所の誘い
2%
役場からの案内・指示
76%

■ 役場からの案内・指示 ■ 近所の誘い ■ 離れている親類・知人の勧め ■ 周囲の流れ ■ 新聞・テレビの情報

【図表1-3：会津美里町の仮設住宅を選んだ理由（会津美里町調査2011 年・2016 年）】

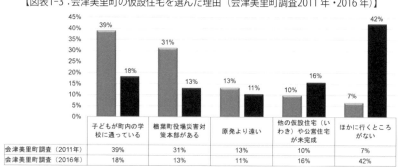

	子どもが町内の学校に通っている	楢葉町役場災害対策本部がある	原発より遠い	他の仮設住宅（いわき）や公営住宅が未完成	ほかに行くところがない
会津美里町調査（2011年）	39%	31%	13%	10%	7%
会津美里町調査（2016年）	18%	13%	11%	16%	42%

■ 会津美里町調査（2011年）　■ 会津美里町調査（2016年）

6　2016 年5 月31 日、楢葉町役場会津美里出張所において実施したヒアリング調査より。

【会津美里町への避難に対する納得度】

　【図表1-4】は、楢葉町役場が会津美里町への避難を決めたことについて、「納得できた」「ある程度納得できた」と回答した割合（以下「納得度」という。）である。楢葉町役場の判断に対して全体で約70％と高い納得度を示した。特に会津美里町仮設住宅に入居した住民で災害時相互応援協定を締結していたことを知っていた方は、全員が納得できたと回答した。

　アンケート調査における自由意見欄でも、突然の避難に対し会津美里町への感謝の思いが多く寄せられた。また、仮設住宅への入居により、とりあえず落ち着くことができた安堵感とともに、今後の生活に対する前向きな思いや両町の交流への期待も寄せられた。

　震災当初から一貫して避難者受け入れを表明してくださった会津美里町の皆様には感謝しきれない恩を感じています。町職員としての立場もありますが、個人的にはあの原子力発電所爆発の不安な状態でいわき市の避難所にいた時、会津美里町が避難者を受け入れてくれるという話を人づてに聴いた時のうれしさは忘れられません。一方で、おにぎりを投げつけたり、会津は暑い、あるいは寒いとわがままな避難者の姿を見ると、暗たんたる気持ちにもなります。それでも無自覚的に避難民としての立場を受け入れざるを得ない彼らの身の上を思う時に、再生が不可能と思える郷土の姿と重ね合わせて、やり場のない怒りを町職員にぶつけるかわいそうな彼らは、紛れもない自分たちであると思うと、やはり悲しくなります。しかし、それでもなお、いつこの避難状態が終わるとも想定などできない状況下に、どこまでもやさしく我々を受け入れてくれる会津の人たちのやさしさを思うと、それにすがる安堵感は、県内他地域と比しても大きいものがあると思います。(2011年調査／30代／男性)

　3月17日、突然の会津への移動の指示。故郷から離れる心はもう不安で…

会津に来て早4ヶ月。センターでのくらし、ホテルでの暮らし、みなさんあたたかかった〜中学での子どもへのあらゆる支援物資、感謝感謝です。
（2011年調査／40代／女性）

　会津の方の心は温かいです。感謝。逆な立場だったら、私たちはここまでできますかね？不安だらけの毎日ですが、会津の方の笑顔に「明日もがんばんなきゃ！」と思います。今は前向きに何事も考えながら生きていくだけです。たっぷり甘えていますが、本当は『楢葉に帰りたい』。（2011年調査／40代／女性）

　姉妹都市協定や災害時の相互応援協力協定を結んでいたとはいえ、会津美里町の対応には感謝の思いでいっぱいである。いつか楢葉町に戻り、平常な生活を送れるようになったら、恩返しをしたいと考えています。本当にありがとうございました。（2011年調査／60代／男性）

　姉妹都市の関係により災害避難を快諾くださいました美里町に心より感謝致しております。私達は、仮設住宅に入居しています。とても良い自然環境で生活をスタート致しました。原子力発電所が収束し、安全が確保され、元の町に帰れる日を待ちわびている所です。子どもさんがいる家庭では不安がいっぱいのようです。楢葉町への帰宅解除の日が一部で報道されています。若しも帰れ、元の環境に戻り、町が再生されることになれば、町民の喜びはこの上ないことでしょう。これも会津美里町のご支援があったことを忘れてはいけないと思います。本当にお世話様になっております。今後も友好を続けて欲しいです。（2011年調査／60代／男性）

　町に戻ることには不安もあるけれど少しずつ前に進まなければ何も始まらないので・・・美里町の方々には子ども達もそうですが、私も含めて大変お世話になり、よくしていただいて感謝の気持ちでいっぱいです。街に戻っても会津美里町には足を運びたいと思います。（2016年調査／40代／男性）

　会津美里町の方にはほんとうに親切にしていただきました。ただ感謝あるのみです。この町が大好きです。この町に住みたいと思いますが楢葉の自宅がありますので、来年中には戻る予定です。楢葉町に既に戻った方々が頑張っていますので、戻りましたら、町がより前進できるよう協力していくつもりです。(2016 年調査／60 代／女性)

　全国的には、避難先での原発避難者に対する嫌がらせや子どものいじめ問題など多くの報告がされている。朝日新聞と今井照の調査によれば、避難先でいじめや差別を受けたり、被害を見聞きしたりしたことがあると答えたのは62％に達する[7]。しかしながら、会津美里町では、地元農家が避難者に野菜を差し入れてくれたり、祭りを一緒に楽しんだりと、避難者と地元住民との摩擦はほとんど生じなかった。その背景にあるのは、両町の普段からの交流であった。このことは、今後の避難を要する大規模災害時における避難先のあり方として、参考になる事例であろう。

【図表1-4：会津美里町への避難に対する納得度（会津美里町調査2011 年）】

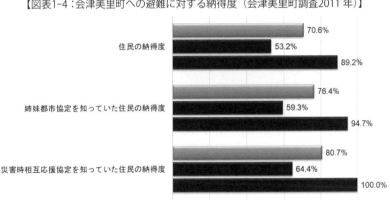

【生活に対する不安】

　これからの生活で不安に思っていることについて、2011年調査と2016年調査を比較したものが【図表1-5】である。2011年調査では、特徴的な点として、冬期間（雪）に対する不安があげられる。会津美里町へ避難した際、雪混じりの寒い時期が続いた。楢葉町と会津美里町の気候の違いに対する不安の大きさが読み取れる。また、収入に対する不安とともに、住まいや放射能の影響に対する不安も確認できる。

　一方、2016年調査での特徴的な点として、自分や家族の病気に対する不安の割合が大きくなっていることがあげられる。単身世帯や高齢者が多いことに加え、避難生活の長期化に伴う健康面での不安が顕著に現れたものと判断できる。楢葉町会津美里出張所の職員は「震災から6年目に入り、これまで元気だった人が元気でなくなるケースが見られる。一人で生活していて亡くなった方も何人かいる。骨を拾いに来てくれる人が誰もいなくて、仮設のみんなで骨を拾ったことがあった」と話した[8]。

　アンケート調査における自由意見欄でも、今後の生活に対する様々な不安が寄せられた。

　会津美里町に住みはや5年の月日が流れた。無駄な時が流れ去ってしまったが、美里にすみ10～15年も住んでいるような現実。本当に住み慣れた第二の古里だよ。ここが俺の終の棲家だよ。楢葉サラバよ・・・（2016年調査／70代／男性）

　町へ2、3日帰りましたが、周りが空き家なので夜は不気味です。今後も帰るという人がいません（周りには）。これから期待していますが、買い物などとても不便です。ペットのことも考えています。（2016年調査／70代／女性）

---

8 2016年5月31日、楢葉町役場会津美里出張所において実施したヒアリング調査より。

【図表1-5：生活に対する不安（会津美里町調査2011年・2016年）】

	収入	住まい	子供の就学	親などの介護	自分や家族の病気	近所づきあい	買い物などの日常生活	役場からの支援	放射能の影響	風評被害	冬期間（雪）のこと	特に不安はない
会津美里町調査（2011年）	21%	13%	10%	5%	7%	2%	1%	5%	12%	2%	21%	0%
会津美里町調査（2016年）	21%	20%	7%	2%	16%	5%	4%	5%	4%	1%	13%	2%

■会津美里町調査（2011年）　■会津美里町調査（2016年）

　新年のお茶会、毎年おいしく抹茶を頂いております。娘家族、昨年土地、家を新築、美里町にお世話になります。それ故、楢葉町へは私1人で心細い限りです。仕方がありません。私の為に部屋も作ってもらっていますが・・・月に1～2回楢葉役場の用意していただく日帰りバスで戻っていますが、この時期雑草が茂って、がっかり！なかなかはかどらず悩んでいます。（2016年調査／70代／女性）

　楢葉町における一連の避難経過を踏まえると、楢葉町役場が、支援を必要とする住民のセイフティーネットとして機能したことが確認できる。他方で、避難生活の長期化に伴い、避難住民の日常生活において新たな課題が発生している。楢葉町からの避難者に対する仮設住宅は2018年3月31日で閉鎖されたが、避難生活が終わった訳ではない。今後を見据え、避難者一人ひとりの実態を踏まえた適切な支援が求められている。

4.福島原発事故避難における職員対応の実態と苦悩

　福島原発事故からの住民の避難にあたって、その中心的な役割を果たしたのは自治体職員であった。震災前の総合防災訓練の場でも、常日頃から「何かあった時、職員は家族よりも町民優先」と言われてきたという。ここでは、これまで注目されることが少なかった自治体職員に焦点を当て、復興に向けた最前線で活躍する職員の実態と苦悩を明らかにする。多くの職員は、家族よりも住民の避難を最優先に行動し、その職務を全うした。震災発生直後からの行動を聞いた[9]。

《家族よりも職務を優先した職員》
　『震災の時は福島の建設技術センターに出張していた。楢葉にたどり着いたのは夜9時過ぎ。自分の家が崩れていることを聞いたが、職員みんなが仕事をしていたので、そのまま家に帰らず、まずは炊き出しの手伝いをした。その後、不足していた電話対応の手伝いをした。安否確認の電話が多かった。翌日、原発が爆発し、いわきに避難することになった。移動する足がない住民に対して迎えに行かなければならないのではと思い、連絡のあった方の自宅へ迎えに行ったり、どうしても避難しないという住民を説得したりして、楢葉町を出たのは夕方になってからだった。家族とは会わないままに仕事をするのが当然だと思っていた。出張時の恰好のままいわき市へ避難した。そのまま会津へ避難した。その段階でも家族とは会っていない。でも電話では話した。家族と話した時、夫に「俺らが一緒に行くべといっても、おめぇは仕事を優先するべ」

9　ヒアリング調査は、①2016年5月31日、楢葉町役場会津美里出張所において楢葉町会津美里出張所職員、元楢葉町職員など計5名に対して、②2017年9月26日、楢葉町まなび館において幹部職員、課長補佐及び震災年に採用された職員 計3名に対して、③2019年8月27日、楢葉町役場において幹部職員1名に対して実施した。

と言われた。もっともだと思ったが、私の性格を分かっているから「家族のことは任せておけ」という意味だと理解した。家族と会ったのは1ヶ月以上経ってからだった。』（女性管理職）

『当時、原子力発電所を所管する部署におり、あまり知られていないが第二原発も電源を失って危機的状況にあった。災害対策本部がいわきに移ったが、第二原発の状況を災害対策本部につなぐ役割を担った。また、町内に避難せずに残っていた町民のところに足を運んで説得したりした。14日から15日に日付が変わるころ、課長を含めた3人が最後に楢葉町を後にしていわきへ向かった。家族はどこにいるか分からなかった。その後、原発の状況が危うくなり、全町的に会津へ避難することになった。両親と妻も会津へ避難した。町民とともに徐々に職員も会津へ避難した。私はスクリーニングの担当をしており、町民を送り出す中で、結局、いわきにそのまま残ることになった。震災以降、家族とは会えず、離れたままでの生活だった。災害対策本部の移転とともに、職員の7割は会津へ行ってしまったが、多くの住民がいわきに残っていた。残った数十人の職員はとても会津へ行ける状況ではなかった。』（男性管理職）

『「あなたはどうする？」と妻に聞かれ「俺は仕事だから行けない」といった。そのとき今生の別れだと思った。本当に死ぬと思った。3人の子供とも一生会えないと思って抱き合った。「お父さんは？」「俺は行けない」「いやだ。お父さんを置いて行けない」「いいから行け」と泣き泣き別れた。でも、あの時、職員は行けなかったと思う。家族とはもう二度と会えないと思った。原発が爆発したとき、ここに残って死ぬしかないと思った。』（男性元職員）

　懸命に震災対応を行う職員に対し、多くの住民は協力的であり、ともに避難所運営にあたった。一方で、原発事故に対する情報が不足するなか、徐々に住民の不安感や絶望感が増していく。そして、住民がその感情をぶつける先は職員しかいなかった。

《住民対応に苦悩する職員》

『避難当初、おにぎりが会津から届いたが、足りない時もあった。2人で1つを分けることもあった。職員は食べないで住民に配っていたが「お前たち隠しているんだろう」と言われた。』(男性主査)

『職員の多くが不眠不休で避難所運営にあたっていた。「職員なんだから寝ないで仕事しろ」と言われたこともあった。うとうとしていた職員が「こいつ、寝てけつかる！首絞めてくれっか！！」と言われた。』(男性課長補佐)

　家族よりも住民の避難を最優先に行動した結果、震災発生から9年半が経過した現在も家族と離れ離れの生活を送っている職員もいる。

　楢葉町の職員数は、他自治体からの支援職員や任期付き職員等も含めて108名であるが、そのうち楢葉町に住んでいるのは53名であった[10]。楢葉町に帰還している職員は約半数に留まっており、家族はいわき市で生活し、単身で楢葉町に住んでいる職員も多い。その結果、2016年11月に地震が発生したときは、津波警報で道路が閉鎖され、いわき市から短時間で楢葉町に辿り着くことができなかった。震災対応における課題が現実となったのである。また、思うように帰還者数が伸びない中で、松本幸英楢葉町長が「帰町しない職員は昇格・昇給をさせない。交通費も出さない」旨の発言をした[11]。その理由として、「環境がある程度整い、帰町目標を掲げた」「2016年の地震の際、職員がすぐに集まれなかった」「町民から職員が戻っていないとの声がある」などと説明し、「守るべき責任の重さがある。やり過ぎとの声はあろうと思うが、基本的考え方として行政執行に当たっている」と強調した。

　避難生活の長期化は、職員の居住地による新たな分断を生じさせた。それ

10　2019年8月27日に実施したヒアリング調査より。
11　2016年11月の庁議と2017年2月の私的新年会で発言し、その発言の趣旨を、2017年3月議会において松本清恵議員が一般質問で明らかにした。

は、①楢葉町以外での生活を選択した職員、②楢葉町に戻った職員、③楢葉町に戻りたいが戻れない職員に類型化できる。いずれも「故郷　楢葉町」を思う気持ちは変わらないが、長期にわたる避難生活から、自ら決断せざるを得ない状況になっているのである。

《①楢葉町以外での生活を選択した職員》
　『職員みんな大変だったと思うが、家族は会津で生活し、夫は単身赴任でいわきに行っていた。週末に帰ってきて、日曜日の夜から行きたくない。金曜日の男、金曜日の背中が違うと言われたことがあった（笑）。単身赴任がきつく、見ていられなかった。忘れ物も多くなったりして、「大丈夫だろうか」不安だった。病気になってしまうのではないかと思った。これはもうダメだと思って、子どもの学校も終わったし、「もう辞めていいよ」と話したら、目がキラキラして「いいのか？」といった。そこから割り切れて、職員に発表した。夫は「言うな」といったが、言ってしまえば楽になった。いつまでも沈んでいられないし、前向きに進むことを決めた。賠償金があるうちはある程度普通の生活ができているが、打ち切られた後、どうやって生活していくか。なぜ会津で農業をやることにしたかというと、一日も早く生活の拠点を見つけたかったから。そして、食べ物がおいしかった。米はおいしいし、野菜もおいしい。果物もある。お酒もおいしい。でも、楢葉にはお墓もあるし、農地もある。子どもたちには楢葉の思いを伝えたい。まるっきり切ることはできない』（元職員の妻）

《②楢葉町に戻った職員》
　『震災前は7人家族だったが、今は6か所に分かれて生活している。私は楢葉町の実家に住まわせてもらっている。夫は福島で仕事をしている。祖父母はいわきに住んでいる。息子は大学生で郡山に住んでいる。一番下の娘は今年大学に入って東京で生活している。真ん中の娘は、福島で就職して夫と生活していたが、「お母さんと住みたい」といって会社を辞めて、会津にきた。私が会津から楢葉に戻ることになり、今は一人で会津で生活している。避難当初は、私

と私以外の家族の避難先の2か所で生活していたが、今の方が6か所でバラバラ。なかなか集まれる機会は少ない。それに慣れてしまっている自分もいる。』
（女性管理職）

　『両親は最初に埼玉へ避難し、横浜に行って、茨城の牛久市に行って、息子の近くがいいと言って会津へ来て、妹夫婦も来た。警戒区域が解除される前に、妹夫婦がいわきに家を買った。そこに両親も一緒に住むことになった。いまは両親とともに楢葉町で生活している。』（男性課長補佐）

《③楢葉町に戻りたいが戻れない職員》
　『幹部職員はほとんど戻っているが、課長補佐や係長などの子育て世代が戻っていない。若い職員は結構戻っている。要因として大きいのは子ども、学校の問題。以前は双葉郡に高校がいくつかあったが、今は限られており、楢葉に帰ってきてもいわきの高校に通わなければならない。何回も転校させたくないので、高校が終わるまではという思いからいわきに住んでいる職員も多い。』（男性管理職）

　『二通りに分かれたと思う。我々が戻らなければと思った職員もいたが、家族の事情で戻れない職員にとっては難しい。自分が楢葉町に戻っていないのに「楢葉町の学校はこれだけ良いよ、どんどん来てよ」と言えるのか。職員であると同時に住民でもあることで、まったく相反することをせざるを得ない。子どもはずっと避難していて、引っ越しさせたくないので、大学へ行くまでいわきで生活したい。でも、自分は楢葉に帰ることを求められている。自己矛盾のような状態。現実には自分の子どもに対してはこういう考え、公的な立場ではこういう考えと分けざるを得ない。そのことを住民から指摘されると何も言えない。だからつらい。』（女性管理職）

『町長の発言に対しては、町民の一部の意見だと思っていた。一時期は、放射能のある所に職員の子どもが行って実験台になれ！と言われたこともあった。今は放射能の問題よりも、まずは職員が率先して帰って住民を受け入れることを町民が求めているように感じる。町長の発言に違和感を覚えていない住民も多い。最初は少数派の意見だと思っていたが、それは役場の論理で、住民の思いとかけ離れているかもしれない。町長選挙の前に発言し、そのことが選挙で支持された。以前のように意地悪く「職員の子どもは苦労しろ！」というのではなく、住民としては「公務員としての本務でしょ！当然だよね」という気持ちだと思う。町長の発言に反発している職員に対し、帰還した住民の本音では「何言っているの？」と思っているのが現実だと思う。』（男性課長補佐）

『町長の言っていることも分かるし、楢葉に帰って来られない職員の気持ちも分かる。でも、職員も子どものことを考えなければ、本心では楢葉に帰ってきたいと思っているはず。いまは帰って来られない職員も、すぐにではなくても、将来的には帰ってきたいと思っている。それが難しいところでなかなか歯車が合っていない。帰りたいのはやまやま。それができないという現実。』（女性管理職）

　復興に向けた取り組みが進む一方で、避難指示の解除から5年以上、「帰町の時期」から3年半が経過するが、楢葉町への帰還者は震災前の状況とはほど遠い。帰還者数の現実は、多くの原発被災自治体に共通する課題である。復興に向けたインフラ整備とともに全国各地に散らばっている避難住民のケアなど増大する業務の中で、職員として今後の楢葉町をどう創造していくのか。被災自治体の職員に課せられた使命である。

《今後の楢葉町の姿》

　『働く環境として企業立地補助金が充実しており、優良企業も来ている。しかし、募集すると地元から人が集まらず、多くがいわき市から来ている。地元で雇用が確保できず、地元採用を条件とすると、地場産業の社員を引き抜くよ

うになってしまう。企業誘致が悪循環になっている。他から人を呼び込み、新しい人に楢葉に来てもらう施策をやらなければならないと思っている。町としての魅力を高めて、発信していく必要があると思う。』（男性管理職）

『変わったことはやらなくていいのではと個人的に思う。最低限、今のことを地道にやって、もっと住民に寄り添って、そのことが結果として他から人が来てもらえることになると思う。企業がたくさん参入して、それに伴って子育て世代が転入することが理想だが、現実的には難しい。』（女性管理職）

『もっとこじんまりとしていいと思う。支援が必要な人に重点的に手を差しのべる。一方で、2020年までの復興創生期間が過ぎたら忘れ去られるのではないかという危機感も強い。新しい箱モノには批判もあるが、走り続けなければダメだという意見もある。』（男性課長補佐）

5. 福島原発事故避難自治体の現状と住民

　【図表1-6】は震災からの楢葉町における住民基本台帳人口の推移と帰還者（居住者）数、主な避難先別居住者数の状況である。2015年9月5日に楢葉町全域の避難指示が解除され、5年が経過しているが、帰還率は6割程度となっている。他方で、住民基本台帳人口は6,784人となっており、震災発生時から約1,200人減少している。特徴的な点として、4割近い住民は、楢葉町に住民登録をしたままで、近隣で中核市に指定されているいわき市で生活していることがあげられる。
　楢葉町住民意向調査によれば、「条件が整えば楢葉町に戻る」と回答した方で「楢葉町に戻るにあたり考慮する情報」は、①医療施設の拡充、②商業施設の再開・充実、③町内の治安や防犯体制の強化、④継続的な健康管理等、放射線

に対する不安解消への取組み、放射線低減対策などがあげられた（復興庁・福島県・楢葉町2018：17）。また、これらの課題とともに「原子力発電所の安全性の状況」も上位に位置づけられた。福島第二原発について、東京電力は廃炉の方針を示したが、具体的な工程は明らかにされていなかった[12]。2019年7月24日、東京電力の小早川智明社長と内堀雅雄福島県知事との会談で廃炉が正式決定されたが、廃炉に向けた課題は多い[13]。原発事故は未だに収束していないのである。

　楢葉町では、仮設・借上住宅の退去期限が2018年3月とされたが、その後も思うように居住人口が増えていない。松本町長の帰町しない職員に対する発言は、町民の帰還率が伸びない現状と町の存続に対する危機感から出たものであり、町の復興にあたり職員の果たすべき役割の大きさを裏付けたとも

【図表1-6：楢葉町における主な居住者数の推移[14]】

年月日	住民基本台帳人口	基準日(2011.3.11)との比較	帰還者(居住者)数(避難指示解除後)	帰還率(居住者/住基人口)	主な避難先別居住者数	
					いわき市	会津美里町
2011.3.11	8,011	－	－	－	－	－
2011.7.1	7.733	-278	－	－	3,507	504
2011.11.30	7,698	-313	－	－	5,008	527
2012.12.28	7,655	-356	－	－	5,688	326
2013.12.4	7,556	-455	－	－	5,737	266
2014.12.31	7,448	-563	－	－	5,785	227
2015.12.31	7,376	-635	262	3.6%	5,581	180
2016.12.31	7,282	-729	767	10.5%	4,897	137
2017.3.31	7,215	-796	1,347	18.7%	4,606	138
2018.3.31	7,047	-964	2,929	41.6%	3,329	62
2019.3.31	6,908	-1,103	3,678	53.2%	2,657	28
2020.4.1	6,784	-1,227	3,937	58.0%	2,494	23

12　河北新報2019年6月17日
13　福島民報2019年7月25日
14　楢葉町から提供された資料及び聞き取りに基づき筆者作成。なお、最新の楢葉町内居住者数は、2020年8月31日現在4,026人、住民基本台帳人口6,785人の59.3％となっている（楢葉町ホームページより）

言えるだろう。しかしながら、その自治体職員の中での居住者は半数程度である。その背景にあるのは、避難生活の長期化に伴う生活基盤にある。避難先での生活が確立されており、帰りたくても帰れないのが現状なのである。このことは、多くの避難住民に対してもあてはまる。ここに形式的な「帰還」を前提とした復興政策の限界が見て取れる。他方で、被災自治体においては、2020（令和2）年の復興・創生期間の終了に伴う危機感から、ハード事業を中心とした帰還政策が推し進められている。避難住民の生活実態を踏まえ、被災自治体にとっての「復興」とは何なのか。住民を起点とした復興のあり方について、改めて検証する必要があるだろう。

6.小括

　福島原発事故発生からの住民避難の過程では、国や県からの支援が期待できない中で、基礎的自治体が自らの判断で避難先を決定し、地域住民の避難を最優先に行動した。楢葉町としての判断に対し、住民の納得度を踏まえれば、その行動について評価できる事例であろう。しかしながら、避難生活の長期化に伴い、避難住民の生活における様々な課題も明らかになった。また、住民避難にあたりその中心的な役割を果たした自治体職員においても、復興に向けた取り組みの最前線で活躍する実態と苦悩が明らかになった。そこからは、家族よりも職務を優先して行動し、自治体職員としてその使命を果たそうとする一方で、原発事故避難者でもある職員が、避難生活の長期化に伴い、様々な自己矛盾を抱えながら業務に没頭する姿が浮かび上がった。避難先での生活が確立され、帰りたくても帰れないのが現実であり、これらの状況は自治体職員に限らず、多くの避難住民に共通するものである。被災自治体にとっての帰還者（居住者）は、自治体の存続に向けた大きな課題でもある。自治体の復興にあたり、帰還者と帰還できない者、それらを含めた住民の存在をどのように捉

えればいいのか。次章以降、住民について様々な角度から考察を加え、既存の
概念に捉われない、あるべき住民概念について提起していく。

第2章　住民概念の先行研究と
　　　　原発避難者特例法の考察

　本章では、これまで当然の前提となっている住民概念について、住民の要件として定義される住所とともに、先行研究や判例に基づき改めて整理する。それらを踏まえ、福島原発事故にあたり、特例的に認められた原発避難者特例法の内容を考察する。原発事故避難者の帰還を前提とし、現行制度における住民概念を頑なに守ろうとした結果、避難住民の生活実態と制度に様々な矛盾が生じていることを明らかにしていく。

1. 住民とは？

　日本国憲法において「住民」という語が使われているのは、「第8章　地方自治」のみである。憲法第93条第2項では「地方公共団体の長、その議会の議員及び法律の定めるその他の吏員は、その地方公共団体の住民が、直接これを選挙する。」（傍点筆者）として住民による選挙権が明示されている。第95条では「一の地方公共団体のみに適用される特別法は、法律の定めるところにより、その地方公共団体の住民の投票においてその過半数の同意を得なければ、国会は、これを制定することができない。」（傍点筆者）として、間接民主制を基

本とし、国会による立法原則の例外として住民投票制度を規定し、当該地方公共団体の住民の同意を要件としている。憲法において、これらの他に「住民」という語は存在せず、他の条文においては「国民」あるいは「何人も」といった言葉が用いられている。

　地方自治法第5条第1項においては、「普通地方公共団体の区域は、従来の区域による。」として、自治体の区域を規定したうえで、同法第10条において「市町村の区域内に住所を有する者は、当該市町村及びこれを包括する都道府県の住民とする。」(傍点筆者)とし、第2項では「住民は、法律の定めるところにより、その属する普通地方公共団体の役務の提供をひとしく受ける権利を有し、その負担を分任する義務を負う。」(傍点筆者)として住民の権利と義務について定義している。「住所」を有することのみが住民と認められる要件となっており、どのように「住所を有する」ことを認定すべきかについての規定はない。そのため、「住所」とは、民法第22条「各人の生活の本拠をその者の住所とする。」(傍点筆者)から「生活の本拠」の意味に解されるのが一般的であり、生活という事実によって住民となる (人見・須藤2010：77)。また、住民基本台帳法第4条では「住民の住所に関する法令の規定は、地方自治法第10条第1項に規定する住民の住所と異なる意義の住所を定めるものと解釈してはならない。」と規定している。なお、民法第23条第1項では、「住所が知れない場合には、居所を住所とみなす。」とし、第2項において「日本に住所を有しない者は、その者が日本人又は外国人のいずれであるかを問わず、日本における居所をその者の住所とみなす。」として、住所がないとき又は不明のときに居所を住所とみなすとしているが、住民基本台帳法はこの立場をとっていない (東京都市町村戸籍住民基本台帳事務協議会・住民基本台帳事務手引書作成委員会2005：26)。

　「生活の本拠」といっても、住所を1つに決めることは簡単なことではない。「住所」とは、ある人間が特定の土地の1箇所に定置することであるとすれば三次元空間を前提とする。しかし、三次元空間のみ着目すれば、ある時点では1箇所を指定できるが、次の時点には同一箇所を指定できるとは限らない。したがって、四次元時空間を考慮して、時間軸上での継続的な観点から特定の場

所を指定する必要がある。しかしながら、時間の幅を加味することは、三次元空間での特定の場所を客観的に認定することが不可能となり、何らかの人間活動を選定するため、結果として、政治体制による恣意的な政策判断が混入せざるを得なくなる（金井2015b：80-87）。

　以上を踏まえ、まず住民と認められるための前提となる「住所」についての先行研究を確認する。

2. 民法における住所概念の検証

2.1　形式主義と実質主義

　人が社会生活を営む中心となる場所が「生活の本拠」であり、人をある場所に関連させて法律関係に入り込むのが住所である。法律関係の明確化を期する目的からいえば、形式的標準に従って画一的に住所を定めることが適当である。旧民法では「民法上の住所は本籍地に在るものとする」（旧民法人事編第262条）として、形式主義が原則とされていた。つまり、現実の居住実態に関係なく、本籍という形式的標準によって画一的に住所を認定した。しかしながら、今日のように、人々が各地に転在して活動し、各種の生活関係が各地各所に散在するようになっては、形式主義は到底維持することはできない。生活の実質的関係に基づいて、具体的に決定することが妥当である。現実の居住実態に基づいて住所を認定する実質主義が採用され、いかなる法律関係について住所を決定しようとするのであるかを常に念頭におき、その法律関係について最も関係の深い場所を住所とするよう努めるべきとされた（我妻1965：93，谷口・石田2002：334）。

2.2　任意住所と法定住所

　ドイツ・スイス・フランスなど西欧諸国では、任意住所と法定住所を分けて設定し、任意住所を原則としながら、その設定や変更、廃止などをする場合には、ある場所に恒常的に居住する意思と、その場所に居住する事実を要するとされている。また、住所設定行為は法律行為ではないが、居住する意思を要するとして、例外的に、意思能力を欠くか、きわめて意思能力の弱い乳幼児のような者のため、あるいは便宜のために法定住所を定めている。例えば、ドイツ民法では、軍人は兵営地に、妻は夫の住所に、摘出子は父の住所に、私生子は母の住所に、養子は養親の住所にあるとして、それぞれ法定住所を定めている。他方で、日本においては任意住所と法定住所という区別を分けずに住所の概念を定義している。法定住所の観念を有しないことも一因となって、住所設定に関し居住する意思を要するか否かについて、主観説と客観説が対立している（谷口・石田2002：335）。

2.3　主観説と客観説

　民法における住所については、定住の事実のみで足りるという考え方（客観説）と、これに加えて定住の「意思」を必要とするという立場（主観説）とが対立してきた。旧学説・判例は、主観説を採用していたといわれており、現在の学説・判例は、客観説に立つといわれている（水本1995：111-113）。

　理論的にも客観説が優るとし、その理由として、①意思主義に基づく定住の意思とは、必ずしも常に存在するものではなく、意思を絶対的要件とすると、住所の実質を備えるものをも住所を認めえない恐れがあること、②定住の意思は、外部から認めえない場合が多いから、第三者は、不慮の損失を被るおそれもあることをあげている。このことから、居住の意思は、住所決定の絶対的な要件ではなく、他の諸般の事情とともに考慮されるべき一つの基準とされ

ている（我妻1965：94）。また、意思能力の弱い子どもなどについての具体的な規定がないことも、日本において主観説ではなく客観説を採用する根拠とされている（遠藤浩1995：22-23）。

　しかしながら、生活の本拠としているという客観的事実は、原則として定住の意思を具体化されたものとみなされることから、客観説も住所の認定について本人の意思が補完的に考慮されるものであり、住所設定の意思を客観的に見て合理的な意思に限定すれば、主観説と客観説との差異はほとんど消失する。他方で、定住の事実のみで住所を認定しようとする客観説に対する批判も展開されており、法定住所に関する規定がなくても、庇護を受けるような者の住所について、庇護者（親権者や後見人など）に指定権や同意権をあたえることが可能であり、主観説を踏まえた住所認定が社会の実態に適合する（谷口・石田2002：336-337）との指摘もある。

2.4　単一説と複数説

　住所が単一かそれとも複数存在するのかについては見解が分かれる。ドイツ民法では、第7条で「住所は、同時に複数の場所に存在することができる。」とし、住所が複数あることを明文化している。

　日本においては、民法制定以来大正末期頃までは単一説が通説的見解であった。昭和以降、学説は次第に複数説を提唱するように至り、今日では複数説が通説とされている。第一次世界大戦以降、複数説が次第に力を強めていったことが物語るように、社会生活の多様性という社会経済的背景が複数説の登場を余儀なくされたものといえる。第二次世界大戦以後は、この傾向が顕著になり、今日では圧倒的多数の支持を得て、複数説が通説的見解となっている（水本1995：113）。今日の複雑な生活関係においては、生活の本拠たる中心的場所は1個に限らず、各種の生活関係においてそれぞれの中心点として、数個の住所を認めることは当然であり、問題となった法律関係につき最も深い関係のある場所をもって住所とすべきである（我妻1965：95, 谷口・石田2002：

339)。また、民法において「生活の本拠」に関する別段の規定がない中で、複数の住所については、法律が人間生活の規範である以上、或人が事実上多様な生活様式を採り、数個の生活圏を有する場合は、それぞれの生活圏の中心を住所と認め、これに法律上の効果を結びつけることが法律の使命である（薬師寺1923：110-111）。なお、住所複数説は、問題となる法律関係ごとに住所を決定すべきということであって、一般的には当該問題についての住所であることが多い（水本1995：116）としているが、単一の住所しか認めないとしているわけではない。同一の地方自治体内に2個以上の住所は持ちえないが、それぞれ異なる自治体に同時に住所を有し、選挙権を行使することは、複数説からすれば、少なくとも理論的には是認される。しかしながら、単一説では、公法上の住所と民法上の住所が別に存在するのではなく、住所に民法上・公法上の効果が付せられているにすぎないとする主張がみられたが、複数説の台頭により、選挙法や税法といった公法上の住所については、それぞれに合目的的な住所概念が構想されていった。この見地によれば、民法上の住所は複数ありうるが、公法上の住所は民法上の住所と一致するか否かにかかわりなく、単一でなければならないとしている（谷口・石田2002：340-342）。

　以上、民法の規定における「住所」について、「形式主義と実質主義」「任意住所と法定住所」「主観説と客観説」「単一説と複数説」について確認した。整理すると、住所は、生活の実質的居住実態に基づいて具体的に決定する実質主義を採用し、法律上ある一定の場所に住所があるとする法定住所を認めていない。また、客観的な事実に基づき判断することを前提とし、本人の意思は、他の諸般の事情とともに考慮すべき一要素とされている。そして、今日の複雑な生活関係のもとでは、生活の中心は複数ありうると考えるべきであり、問題となった法律関係につき最も深い関係のある場所をもって住所とすべきとなる。

　これまでの民法上の住所の先行研究を前提に、現実場面では「住所」住民」、更に住所、住民が深く関連する「選挙権」「被選挙権」がどのように取り扱われているのか。次に8つの判例を基に検証し、考察を加える。

3. 住所に関する判例の検証

3.1　ホームレスと生活の本拠[1]

　この事例は、都市公園内に不法に設置されたテントを起居の場所としている者について、同テントの所在地に住所を有するとはいえないとされたものである。

【事実概要】

　Ｘは、都市公園法に基づき大阪市が設置・管理する公園に設置されたテントを起居の場所として日常生活を営んできた。Ｘが本件テントの所在地を住所とする転居届を提出したところ、大阪市Ａ区長は不受理処分を通知したため、行政不服審査法に基づく審査請求を経て、本件不受理処分の取り消しを求める取消訴訟を提起した。

【判決概要】

　一審の大阪地裁判決では、住民の住所に関する法令の規定は、地方自治法10条1項に規定する住民の住所と異なる意義の住所を定めるものと解釈してはならないとしたうえで、住所とは、生活の本拠、すなわちその者の生活に最も深い一般的生活、全生活の中心を指すものであり、一定の場所がある者の住所であるか否かは、客観的に生活の本拠たる実態を具備しているか否かにより決すべきものと解するのが相当である。また、一定の場所がある者の住所であ

1　各判例については要約して記載しているため、詳細はそれぞれ参考文献参照のこと（以下本書において同様）。本事例については、TKC　LEX/DB　文献番号28142030、判例タイムズ1214号160頁、判例タイムズ1285号62頁、判例時報2026号11頁

るか否かにおいて、その者が占有権原を有するか否かは無関係であるとし、本件テントの所在地は、客観的にみて、原告の生活に最も関係の深い一般的生活、全生活の中心であり「生活の本拠たる実体」を具備しているものと認められるとして、Xの請求を容認した。

　控訴審の大阪高裁判決では、「生活の本拠としての実体」があると認められるためには、単に一定の場所において日常生活が営まれているというだけでは足りず、その形態が、健全な社会通念に基礎付けられた住所としての定型性を具備していることを要するとして、本件テントは、土地に定着しているものとみることはできず、生活基盤として使用する飲料水や洗濯用等の水道設備、排泄設備も一般市民の用に供するために公園施設として設置されている各設備に専ら依存するという便宜的なものであり、生活の本拠としての実体があるとはいえないとして大阪市の控訴を認容し、Xの請求を棄却した。

　上告審の最高裁第二小法廷判決では、上告人が都市公園法に違反して、都市公園内に不法に設置されたキャンプ用テントを起居の場所として、公園施設である水道設備等を利用して日常生活を営んでいることなどの事実関係の下においては、社会通念上、上記テントの所在地が客観的に生活の本拠としての実態を具備しているものと見ることはできないとして、Xの上告を棄却した。

【考察】

　本件では、Xは住所を有しないとされたため大阪市の住民ではなく、故に本件不受理処分も適法とされた。一方で、本判決は、地方自治法第10条第1項の住所概念につき、民法第22条の「生活の本拠」とする定義に従い、その判断を事例限りのものにとどめており、「健全な社会通念に基礎付けられた住所としての定型性」に対する一般論を展開していない。社会通念の名の下で様々な考慮を混乱した形で取り込む直感的判断に進んだとして、第1審の判断が支持されるべき（太田2013：20）とする意見もある。1911年の市制町村制の改正で住民の要件が「住居」から「住所」に変わるが、住居と住所の概念について、住居が一般的に人の安静のための有形的設備を有する場所であるのに対し、住

所とは生活の本拠であり、その本拠たる場所には必ずしも有形的設備を有する必要はない（斎藤1927 : 25-26）として、住所に関しては有形的設備が必須ではなかった。住所を要件とする住民の規定については、1911年の改正市制町村制以降、その定義そのものは変わっていないが、本判決によって、住民となるためには「住む」だけでなく、「健全な社会通念に基礎付けられた住所としての定型性の具備」が必須と判断されたのである。

　住所を有しないとされたホームレス等は、住民基本台帳に登録されず、住民基本台帳を基にした各種政策（施策・事業）から抜け落ちることになる。結果として、住民としての権利が保証されない可能性があることを容認することになる点を指摘したい。

3.2　国民健康保険第5条[2] の住所と外国人[3]

　この事例は、日本に不法に在留していた外国人が国民健康保険法5条所定の「住所を有する者」に該当するとされたものである。

【事実概要】

　Xは、横浜市A区内に妻子と共に居住し、外国人登録は行っているものの不法在留を続けていた。その後、妻子と共に在留特別許可を求める書面を提出し、国民健康保険の被保険者証の交付を請求したが、横浜市A区長から国民健康保険法5条所定の被保険者に該当しないとして被保険者証を交付しない旨の処分を受けた。Xは本件処分を違法として、国と横浜市に国家賠償法1条1項に基づき損害賠償を請求した。

2　国民健康保険法第5条：市町村又は特別区（以下単に「市町村」という。）の区域内に住所を有する者は、当該市町村が行う国民健康保険の被保険者とする。
3　詳細については、TKC　LEX/DB　文献番号28090332、最高裁判所民事判例集58巻1号226頁、判例時報1850号16頁、判例タイムズ1145号120頁　参照のこと。

【判決概要】

　一審の横浜地裁判決では、在留資格を有しない外国人であっても、国民健康保険法第5条所定の「住所を有する者」に該当することがあり得るとし、Xがこれに該当すると判断したが、国家賠償責任は否定し、Xの請求を棄却した。

　控訴審の東京高裁判決では、不法入国者や不法在留者のように、退去強制の対象とされている立場にある外国人については、その者の過去の事実上の在留期間が相当長期にわたり、また、それまで過ごしてきた生活の場所にある程度の持続性が認められるとしても、国民健康保険法5条所定の「住所を有する者」と認めることはできないから、Xはこれに該当しないとし、Xの控訴を棄却した。

　上告審の最高裁第一小法廷判決では、国民健康保険法5条にいう「住所を有する者」は、市町村の区域内に継続的に生活の本拠を有する者であり、外国人が「住所を有する者」に該当するかどうか判断する際には、当該外国人の在留資格の有無や在留期間が重要な考慮要素になるとした。外国人が「住所を有する者」に該当するためには、単に市町村の区域内に居住しているという事実だけでは足りず、少なくとも、当該外国人が、当該市町村を居住地とする外国人登録をして、入国の経緯、入国時の在留資格の有無及び在留期間、その後における在留資格の更新または変更の経緯、配偶者や子の有無及びその国籍等を含む家族状況に関する事情、滞在期間、生活状況を照らし、当該市町村の区域内で安定した生活を継続的に営み、将来にわたってこれを維持し続ける蓋然性が高いと認められることが必要であるとした。上告人は、横浜市の区域内で家族と共に安定した生活を継続して営んでおり、将来にわたってこれを維持し続ける蓋然性が高いものと認められ、法5条にいう「住所を有する者」に該当するとして、本処分は違法とされた。ただし、過失は否定され、原審の判断は結論において是認された。

【考察】

　不法滞在者が国保法第5条所定の「住所を有する者」に該当し得るかどうかについて、学説では、①不法滞在者に対する国民健康保険の適用を否定する見解［否定説］、②不法滞在者にも国民健康保険が適用されるとする見解［全面肯定説］、③在留資格の有無、在留期間の長短等を考慮して不法滞在者にも国民健康保険が適用される場合があり得るとする見解［限定肯定説］に大別され、控訴審では否定説が、一審と最高裁判決では限定肯定説が採用された[4]。

　また、民法第22条の「生活の本拠」とする住所概念について、法廷意見の理解する国保法第5条の「住所を有する者」は「継続的に「民法上の住所」を有する者」となり、国保法第5条の「住所」は継続的な「生活の本拠」である必要があると理解すれば、将来に向かっての安定を求める継続性という、民法とは異なる住所概念を用いている（太田2013：21）とする意見もある。

　本事案は、国民健康保険制度の健全な維持運営と住民の強制加入という前提のもとで、外国人の加入資格（住所要件）について、単に「住んでいる」だけでは足りず、「将来にわたる居住の継続性・安定性」という新たな概念を示すとともに、外国人であっても一定の要件を備えれば「住民」になり得ることを明確にしたものといえる。

---

4 判例タイムズ1145号（2004年5月15日）121頁

4. 住民に関する判例の検証

4.1　憲法上の地方公共団体の意義[5]

【事実概要】

　この事例は、東京都の特別区において1946年東京都制一部改正によって区長公選制が採用されたが、1952年地方自治法改正によって、区長公選制は廃止され、特別区の議会が都知事の同意を得て区長を選任する制度に改められた。この区長選任制の下における1957年、渋谷区議会における区長の選任に関し、金銭の提供・収受を行った議会議員が、贈収賄罪の被告人として起訴されたものである。

【判決概要】

　一審の東京地裁判決では、特別区は憲法93条2項にいう地方公共団体に該当するから、区長選任制を定める法の規定は憲法に違反し、したがって、渋谷区議会議員は区長を選任する職務権限を有さず、これらの行為は贈収賄罪にあたらないとして、無罪を言い渡した。

　上告審の最高裁大法廷判決では、法が特に一章を設けて地方自治を保障するにいたった所以のものは、新憲法の基調とする政治民主化の一環として、住民の日常生活に密接な関連をもつ公共的事務は、その地方の住民の手でその住民の団体が主体となって処理する政治形態を保障せんとする趣旨に出たものである。この趣旨に徴するときは、地方公共団体といい得るためには、単に法律で地方公共団体として取り扱われているということだけでは足らず、事

5　詳細については、TKC　LEX/DB　文献番号27670289、最高裁判所刑事判例集17巻2号121頁、判例時報330号7頁、判例タイムズ142号187頁　参照のこと。

実上住民が経済的文化的に密接な共同生活を営み、共同体意識をもっている
という社会的基盤が存在し、沿革的にみても、また現実の行政の上において
も、相当程度の自主立法権、自主行政権、自主財政権等地方自治の基本的機能
を付与された地域団体であることが必要である。東京都の特別区においては、
未だ市町村のごとき完全な自治体としての地位を有していたことはなく、そ
うした機能を果たしたこともなく、憲法第93条第2項の地方公共団体と認め
ることはできないとした。しかしながら、改正地方自治法が公選制を廃止し、
これに代えて、特別区の議会が区長を都知事の同意を得て選任するという方
法を採用したからといって、それは立法行政の問題にほかならず、憲法93条
2項に違反するものということはできないとして、原判決を破棄した[6]。

　この判決においては、垂水克己裁判官の補足意見が付されている。その内容
は、日本国民は国内多数の地方に分かれて住み、その地方の自然的条件や経済
事情ないし伝統、風習その他の文化的条件に従って生活し、同じ地方の住民は
お互いによりよく知り合い、交通、通信、取引、交際をし、別害関係を共にする
ことが多い。このことから、またその住民は、苦楽を共にし共同体意識を持つ
に至り、自分ら住民だけの利害に関する事項については、国民全体の総意から
離れて、自分らの意思に従い、自分らの手で独自の共同生活を営もうと欲する
に至ることは、人間自然の姿であり、かような欲求は、国民の総意に反しない
限り、これを容認することの方が、国民生活を一層民意に叶い実情に即した行
き届いたものとする所以でもあり、他面、一から十まで国が国民の世話を焼く
ことから国を開放する所以でもある。ここに、憲法が民主的国民生活の不可欠
の要件とする「地方自治の本旨」及び地方公共団体の存在意義がある。地方自
治のない国民生活はなく、いずれの地方公共団体の住民ともされない国民は
一人もいない、とするものであった。

6　特別区制度に関しては、1952年の区長公選制廃止の後、区長選任をめぐる混乱が続き、1974年に
　区長公選制が復活し、段階的な権限移譲を経て、1998年に地方公共団体としての位置づけが明確
　に与えられた（飯島2013b：5）。

【考察】

　本事例は東京都特別区が憲法第93条第2項にいう地方公共団体に該当する
か否かが争点であったが、その判旨の中で、憲法が求める地方自治の意義、地
方自治の本旨とその構成員たる住民の位置づけを示している。住民の日常生
活に密接な関連をもつ公共的事務は、その地方の住民の手で、その住民の団体
（＝地方公共団体）が主体となって処理することを明確にしている。一方で、いず
れの地方公共団体の住民ともされない国民は一人もいないとする補足意見に
対し、国民と住民は必ずしも一致せず、居住実態がないため住民基本台帳に登
録されていない国民をどのように考えるか。また、地方公共団体の構成員であ
る住民について、単に「住むこと」だけでなく、「共同生活を営み、共同体意識
をもつ」という新たな概念を示したものである。

4.2　在日外国人の地方選挙権[7]

　この事例は、日本国民たる住民に限り地方公共団体の議会の議員及び長の
選挙権を有するとされたものである。

【事実概要】

　在日韓国人Xらは、定住外国人は憲法上地方公共団体における選挙権が保
証されているとして、大阪市選挙管理委員会に対し選挙人名簿に登録するこ
とを求める異議の申出をし、これを却下されたため、定住外国人に地方公共団
体における選挙権を認めないことは、地方自治法第11条[8]・第18条[9]、公職選

7　詳細については、TKC　LEX/DB　文献番号27826692、最高裁判所民事判例集49巻2号639頁、
　判例時報1523号49頁、判例地方自治143号22頁　参照のこと。
8　地方自治法第11条：日本国民たる普通地方公共団体の住民は、この法律の定めるところにより、
　その属する普通地方公共団体の選挙に参与する権利を有する。
9　地方自治法第18条：日本国民たる年齢満十八年以上の者で引き続き三箇月以上市町村の区域内
　に住所を有するものは、別に法律の定めるところにより、その属する普通地方公共団体の議会の議
　員及び長の選挙権を有する。

挙法第9条第2項[10]は、憲法前文[11]・第14条[12]・第15条[13]・第93条第2項[14]等に違反しているとして、却下決定の取消しを求めて訴えを提起した。

【判決概要】

　一審の大阪地裁判決では、憲法15条1項により参政権を保障されているのは「日本国籍を有する者」に限られるのであり、定住外国人には公務員の選定・罷免権は認められないとし、憲法93条2項の「住民」と憲法15条1項の「国民」とを別個の概念でとらえるのは適切でなく、憲法93条2項の住民は日本「国民」であることが前提となっているものであり、日本国籍を有しない定住外国人については、地方公共団体における参政権を憲法が保障していると認めることはできないとして、請求を棄却した。

　上告審の最高裁第三小法廷判決では、憲法第3章の諸規定による基本的人権の保障は、権利の性質上日本国民のみをその対象としていると解されるものを除き、我が国に在留する外国人に対しても等しく及ぶものであるが、憲法15

10　公職選挙法第9条第2項：日本国民たる年齢満十八年以上の者で引き続き三箇月以上市町村の区域内に住所を有する者は、その属する地方公共団体の議会の議員及び長の選挙権を有する。

11　憲法前文：日本国民は、正当に選挙された国会における代表者を通じて行動し、われらとわれらの子孫のために、諸国民との協和による成果と、わが国全土にわたって自由のもたらす恵沢を確保し、政府の行為によつて再び戦争の惨禍が起ることのないやうにすることを決意し、ここに主権が国民に存することを宣言し、この憲法を確定する。そもそも国政は、国民の厳粛な信託によるものであつて、その権威は国民に由来し、その権力は国民の代表者がこれを行使し、その福利は国民がこれを享受する。これは人類普遍の原理であり、この憲法は、かかる原理に基くものである。われらは、これに反する一切の憲法、法令及び詔勅を排除する。
　　日本国民は、恒久の平和を念願し、人間相互の関係を支配する崇高な理想を深く自覚するのであつて、平和を愛する諸国民の公正と信義に信頼して、われらの安全と生存を保持しようと決意した。われらは、平和を維持し、専制と隷従、圧迫と偏狭を地上から永遠に除去しようと努めてゐる国際社会において、名誉ある地位を占めたいと思ふ。われらは、全世界の国民が、ひとしく恐怖と欠乏から免かれ、平和のうちに生存する権利を有することを確認する。
　　われらは、いづれの国家も、自国のことのみに専念して他国を無視してはならないのであつて、政治道徳の法則は、普遍的なものであり、この法則に従ふことは、自国の主権を維持し、他国と対等関係に立たうとする各国の責務であると信ずる。
　　日本国民は、国家の名誉にかけ、全力をあげてこの崇高な理想と目的を達成することを誓ふ。

12　憲法第14条第1項：すべて国民は、法の下に平等であつて、人種、信条、性別、社会的身分又は門地により、政治的、経済的又は社会的関係において、差別されない。

13　憲法第15条第1項：公務員を選定し、及びこれを罷免することは、国民固有の権利である。

14　憲法第93条第2項：地方公共団体の長、その議会の議員及び法律の定めるその他の吏員は、その地方公共団体の住民が、直接これを選挙する。

条1項の規定は、国民主権の原理に基づき、公務員の終局的任免権が国民に存することを表明したものにほかならず、憲法93条2項にいう「住民」とは、地方公共団体の区域内に住所を有する日本国民を意味するものと解するのが相当であり、我が国に在留する外国人に対して、地方公共団体の長、その議会の議員等の選挙の権利を保障したものということはできないとした。しかしながら、憲法93条2項は、我が国に在留する外国人に対して地方公共団体における選挙の権利を保障したものとはいえないが、憲法第8章の地方自治に関する規定は、民主主義社会における地方自治の重要性に鑑み、住民の日常生活に密接な関連を有する公共的事務は、その地方の住民の意思に基づきその区域の地方公共団体が処理するという政治形態を憲法上の制度として保障しようとする趣旨に出たものと解されるから、我が国に在留する外国人のうちで永住者等であってその居住する区域の地方公共団体と特段に密接な関係を持つに至ったと認められるものについて、その意思を日常生活に密接な関連を有する地方公共団体の公共的事務の処理に反映させるべく、法律をもって、地方公共団体の長、その議会の議員等に対する選挙権を付与する措置を講ずることは、憲法上禁止されているものではないと解するのが相当であるが、このような措置を講ずるか否かは、専ら国の立法政策にかかわる事柄であって、このような措置を講じないからといって違憲の問題を生ずるものではないとして、原審の判断は正当として是認することができるとした。

【考察】

　国政レベルの選挙権については、選挙権を日本国民に限っている公職選挙法第9条第1項の規定が憲法第14条、第15条の規定に反するものではないことは明らかであるとされてきたが、本判決は、地方自治体レベルの選挙権について初めて憲法判断を下したものである。地方レベルの選挙権についての学説には、大別すると、①選挙権の付与は憲法違反になる〔禁止説〕、②立法者が選挙権を付与することは憲法上許容されている〔許容説〕、③選挙権の付与は憲法上要請されている〔要請説〕の3説があり、本判決では、憲法第93条第

2項で選挙権を保障されている「住民」は「日本国民」の下位概念であるとしつつも、明確に②許容説に立ち、実務上、地方レベルの選挙権については決着がついたといえる（高田2013：25）。

　この判決から導き出されるのは、国レベルの「国民」と地方レベルの「住民」の違いであろう。国民に対して外国人を含めることはできないが、住民であれば、選挙権を付与することは立法政策により可能であるとしている。地方自治において、その構成員たる住民が、その意思を日常生活に密接な関連を有する地方公共団体の公共的事務の処理に反映させることの意義を明らかにしている。本判決では、地方自治と住民について、本来あるべき理念を示したものであるが、外国人に地方参政権を付与する立法措置は現在まで行われていない。

4.3　別荘住民の水道料金格差と平等取扱い[15]

　この事例は、普通地方公共団体の住民に準ずる地位にある者による公の施設の利用について、不当な差別的取扱いが違法と判断されたものである。

【事実概要】

　Xらは、別荘を所有し、高根町[16]と給水契約を締結していたが、簡易水道事業給水条例の一部を改正する条例が施行され、Xらのような住民基本台帳に登録されていない別荘所有者の水道料金が大幅に値上げされた結果、別荘と別荘以外の給水契約者との間に基本料金の大きな格差が生じた。Xらは、別荘給水契約者に対する不当な差別を理由に、本件改正条例による改正後の水道料金の無効確認を求めるとともに、民事訴訟として、改定後の基本料金と従前の基本料金の差額分に関し、未払水道料金の債務不存在確認と支払い済みの

15　詳細については、TKC　LEX-DB　文献番号28111516、最高裁判所民事判例集60巻6号2369頁、判例時報1947号45頁、判例タイムズ1222号80頁、判例地方自治284号35頁　参照のこと。
16　山梨県旧高根町、上告審係争中に北杜市訴訟承継

水道料金相当額の不当利得返還又は不法行為による損害賠償を求め、さらに、未払水道料金がある者に対する給水停止の禁止を求めた。

【判決概要】

　一審の甲府地裁判決では、民事訴訟として適法としたうえで、本件の別荘の基本料金は、簡易水道事業の特殊性、別荘の水道使用の特殊性に照らして、なお合理的な範囲にあるとして、Xらの請求を棄却した。

　控訴審の東京高裁判決では、別荘に係る基本料金を定める部分は、不当な差別的取扱いをするものとして、憲法第14条第1項[17]、水道法（平成13年法律100号による改正前のもの）第14条第4項第4号[18]等に違反し無効であるとして、Xらの請求を認容した[19]。

　上告審の最高裁第二小法廷判決では、地方公共団体が設置する公の施設を利用する者の中には、当該普通地方公共団体の住民ではないが、その区域内に事務所、事業所、家屋敷、寮等を有し、その普通地方公共団体に対し地方税を納付する義務を負う者など「住民に準ずる地位にある者」が存在することは当然に想定されるところである。同項が憲法14条1項が保証する法の下の平等の原則を公の施設の利用関係につき具体的に規定したものであることを考えれば、上記のような住民に準ずる地位にある者による公の施設の利用関係に地方自治法244条3項[20]の規定が及ばないと解するのは相当でなく、これらの者が公の施設を利用することについて、合理的な理由なく差別的取扱いをすること

17　日本国憲法第14条第1項：すべて国民は、法の下に平等であって、人種、信条、性別、社会的身分又は門地により、政治的、経済的又は社会的関係において、差別されない。
18　水道法第14条（改正前）：水道事業者は、料金、給水装置工事の費用の負担区分その他の供給条件について、供給規程を定めなければならない。
　3　地方公共団体以外の水道事業者は、供給条件を変更しようとするときは、厚生労働大臣の認可を受けなければならない。
　4　厚生労働大臣は、前項の認可の申請が次の各号に適合しているときは、その認可を与えなければならない。
　　四　特例の者に対して不当な差別的取扱をするものでないこと。
19　民事訴訟については取り下げ、行政事件訴訟法3条4項の訴えによる無効確認を求めた。
20　地方自治法第244条第3項：普通地方公共団体は、住民が公の施設を利用することについて、不当な差別的取扱いをしてはならない。

は、同項に違反するものであり、本件改正条例による別荘給水契約者の基本料金の改定は、不当な差別的取扱いに当たるとして、上告を棄却した。

　本判決においては、古田佑紀裁判官の補足意見が付されており、その内容は、地方公共団体の区域内に生活の本拠を有する者ではなくても、そこに固定した生活等の拠点を有し、継続的な活動を予定している者であって、そのことの故に当該地方公共団体における租税等を負担すべき立場にあるような者を、地方自治法第244条第3項にいう「住民」に含まれると考えられる、とするものであった。

【考察】

　本事例は、「住民に準ずる地位にある者」というカテゴリーを設け、これらの者による公の施設の利用関係に不当な差別的取扱いの規律が及びうることを認めた、最高裁として初めての判断である。ただし、「住民に準ずる地位にある者」に対して一律に住民と同様の取扱いが求められるものではなく、「当該公の施設の性質やこれらの者と当該普通公共団体との結び付きの程度等に照らし合理的な理由なく差別的取扱いをすること」が違法とされたものである（中原2013：29）。

　いずれにしても、地方自治法第10条第1項の「市町村の区域内に住所を有する者は、当該市町村及びこれを包括する都道府県の住民とする」とする住民概念とは別の概念である「住民に準ずる地位にある者（住所を有しない住民）」を最高裁判決で示したことは、異なる住民概念があり得ることを明確にしたものといえる。

4.4　住民基本台帳法上の転入届と住民票作成義務[21]

　この事例は、住民基本台帳法の規定による転入届を、住民の安全確保の観点

21　詳細については、判例地方自治217号20頁、判例タイムズ1058号66頁　参照のこと。

から法定の届出事項に係る事由以外の事由を理由として受理しないことが違法とされたものである。

【事実概要】

Xら宗教団体の信者13名が、2000年12月19日午後零時ごろから世田谷区内に転入したとして、同区内の12の出張所に分散してほぼ同時に転入届を提出した。各出張所の担当者は、住民票を調製して住民基本台帳に記録し、住民票の写しや国民健康保険の被保険者証などを交付した。その後、これが宗教団体の信者による集団転入であることが判明したため、世田谷区長は区の基本方針に従い、Xらの住民票の調製は無効とし、住民票を破棄して住民基本台帳の記録を抹消するとともに、転入届は不受理扱いとすることを決定した。このことに対し、違法な住民票の消除処分であり、居住移転の自由や参政権等の憲法上の権利などが侵害され、回復の困難な損害が生じるとして、本件消除の取消しを求める訴えを提起するとともに、その効力停止を求める申立てをした。

【判決概要】

一審の東京地裁判決では、届出の住所に転入した事実が認められるが、住民票を消除された結果、選挙人名簿への登録が受けられなくなっており、選挙権の点をみても、回復の困難な損害を避けるため緊急の必要があることは明らかである。また、区長が転入者について住民票を調製すべきか否かは、届出に係る事実及び当該住民が住民基本台帳に登録して管理すべき者かどうかのみを基準として判断されるべきものであるから、地方公共や住民及び滞在者の安全、健康及び福祉の保持を理由に、住民票の調製を拒否したり、消除を行うべき権限はない。したがって、地域住民が宗教団体の信者に対して不安感を抱いていることは、本件消除すべき理由とならないとして、Xらの申立てを容認した。

控訴審の東京高裁判決では、住民基本台帳は、区長に届出事項の内容が事実に合致しているかどうか、違法不当な目的のための作為的な届出でないかど

うかといった事柄につき審査する実質的審査権を認めていると解される。地方公共団体は、地方公共の秩序を維持し、住民及び滞在者の安全、健康及び福祉を保持する役割があり、住民の生命、身体、財産等の安全を確保すべき責務を有することからすると、地域の秩序が破壊され、住民の生命や身体の安全が害される危険性が高度に認められるような特別な事情がある場合に、区長が住民の安全確保のために執った措置によって住民に関する記録の正確性、統一性が部分的に損なわれることがあってもやむを得ないとした。そして、信者による集団転入は、不当な手段によって必要な実質的審査を免れたものであり、住民基本台帳法施行令8条[22]に準じて消除すべき場合に該当する。本件消除の対象となった抗告人らの住民票には、もともと消除すべき事由が存したから、本件消除によって生じる損害は抗告人らが当然に受けるべきものにとどまり、「回復の困難な損害」とはいえないとし、原決定を取り消し、相手方の執行停止の申立てを却下した。

　上告審の最高裁第二小法廷判決では、市区町村長が住民票を調製する際に原決定がいうような審査権限を有するとは必ずしも即断し難く、本件消除により抗告人に「回復の困難な損害」が生ずるおそれがあり、これを「避けるため緊急の必要がある」と認められるから、本件申立ては理由があるというべきであり、特別抗告の理由で主張されている憲法違反があるかどうかについて判断するまでもなく、原判決は裁決に影響を及ぼすことが明らかな法律違反があるものとして破棄は免れないとした。

【考察】

　住民票の調製にあたって、市町村長は、住所及び世帯に関する事項で法の規定による届出があったときは、当該届出の内容が事実であるか否かを審査して、法の規定による住民票の記載等を行う（東京都市町村戸籍住民基本台帳事務

22　住民基本台帳法施行令第8条：市町村長は、その市町村の住民基本台帳に記録されている者が転出をし、又は死亡したときその他その者についてその市町村の住民基本台帳の記録から除くべき事由が生じたときは、その者の住民票（その者が属していた世帯について世帯を単位とする住民票が作成されていた場合にあっては、その住民票の全部又は一部）を消除しなければならない。

協議会・住民基本台帳事務手引書作成委員会2005：52)。この際の審査については、市区町村長には、当該届出が形式的要件を満たしているか否かの形式的審査だけでなく、その内容が事実に合致しているか否かに関する実質的審査を行う権限があると解されており、その実質的審査の範囲が、住民の生命や身体の安全が害される危険性があるか否か等の事項まで及ぶかどうかが問題となったものである。本判決は、市区町村長にはそのような審査権限を有するとは必ずしもいえず、実質的審査の内容は居住実態の事実確認に限定されるとした。また、憲法で広く居住・移転の自由が認められていることから、憲法との関係を考慮すれば住民を制限するような解釈は難しく、地方公共団体がとり得る手法としては、その活動を調査・監視し、是正を図るような条例を制定することや暴力団事務所の明渡し等と同様に民事訴訟により立ち退き等を求めるなど、他の方法を模索するしかない（磯崎2013：26-27[23]）。

　いずれにしても、地方公共団体にとって、いかなる理由があってもその構成員となる住民を取捨選択する権利は当然になく、住所を有するかどうか判断するための審査権限のみを有することを明確にしたものである。

5. 選挙権・被選挙権に関する判例の検証

5.1　学生の選挙権と住所[24]

　この事例は、学生寮で生活する学生の選挙権について、学資その他の経費の大半は父母の仕送りであり、両親と独立して生活を営むものではないから、住所はそれぞれ両親の住家にあるとする当時の自治庁通達に基づく判断に対

23　本参考文献は、同一の内容で名古屋市に提出された事案（平成15年6月26日最高裁第一小法廷判決）の分析に基づくものである。
24　詳細については、TKC　LEX/DB　文献番号27003120、最高裁判所民事判例集8巻10号1907頁、判例タイムズ42号43頁　参照のこと。

し、学生の住所は当該学生寮にあるとされたものである。

【事実概要】

　茨城大学星嶺寮の学生47名（以下「Ｘら」という。）は、渡里村選挙管理委員会が1953年9月15日現在により調製した基本選挙人名簿を縦覧したところ、自らの脱漏を発見したので、異議申立てを行った。これに対し、渡里村所在の茨城大学星嶺寮に居住している者の学資その他の経費の大半は父母の仕送りであり、両親と独立して生活を営むものではないため、当時の自治庁通達に基づいて、Ｘらの住所はそれぞれ両親の住家の所在地にあって渡里村にあるものとは認められないとして、Ｘらの異議申立てを棄却する旨の決定をした。Ｘらは、その決定を不服としてその取消しを求めた。

【判決概要】

　一審の水戸地裁判決では、民法21条[25]によれば、住所とは各人の生活の本拠をいうものとされているが、種々の法令において住所のことが規定されている場合には、それぞれ当該法令の独自の技術的要請に基づいており、当該法令ないし法条の達成せんとする独自の立法趣旨に従ってその規定が設けられているものであるから、住所の認定に当っては技術的要請、立法の趣旨に即し、それとの関連において考えるのが相当である。公職選挙法上の住所の所在地たるがためには、政治的地縁関係が最も直接的な土地で、そして選挙権の行使が最も適正に行われるべきところでなければならず、Ｘらはいずれも約1年以上4年間の期間にわたり寮を学生たる自己の市民生活の場所として過す予定の下に、入寮以来現実に居住してきたものであるから、Ｘらの市町村住民としての生活は寮を中心として営まれており、その寮のあるところこそＸらの住所に外ならないものと認めるのが相当であるとして、Ｘらの請求を認容した。

　上告審の最高裁大法廷判決では、法令において人の住所につき法律上の効果

25　旧民法の規定による。以下、本事例について同様とする。

を規定している場合、反対の解釈をなすべき特段の事由がない限り、その住所とは各人の生活の本拠を指すものと解することを相当とする。大学の学生が大学附属の寄宿舎で起臥し、長期の者は4年間、短期の者でも1年間在寮の予定の下に寮に居住し、配偶者があるわけでもなく、また、管理すべき財産を持っているわけでもなく、住民登録法による登録も本件名簿調製期日には概ね同村でなされており、選挙人名簿調製期日まで3箇月間は同村内に住所があったものと解することを相当とするとして、全員一致の意見により棄却した。

【考察】

　1946（昭和21）年5月22日内務省地方局長通達では「修学のため寮、寄宿舎又は下宿等に居住している学生、生徒の住居は、原則としてその寮、寄宿舎又は下宿等の所在地にあるものとする」とされていたが、その後、仙台高裁（昭和27年12月26日判決）の「休暇毎に両親のもとに帰っており両親と独立して生計を営むものでなく、両親の住家を生活の本拠とするものであることが認められるから、本件選挙当時の住所は五戸町（郷里）にあるものといわねばならない」（括弧内筆者追記）との判示を受けて、1953（昭和28）年6月18日自治庁選挙部長通達により「学生生徒の住所は、単に居住の事実のみをもってその居住地にあるものとすべきではなく、個々の場合につき具体的な生活の本拠がどこにあるかを調査して認定すべきであるとし、寮、寄宿舎又は下宿等に居住している学生生徒でその学資の大半を郷里から仕送りを受け、休暇等に帰省する者の住所は郷里にあるものと認められ、その居住地において主として自己の収入によって生計を維持している者の住所は、他に生活の本拠と認められる事情のない限り寮、寄宿舎又は下宿等にあるものと認められる」とされた。この通達は、都市における学生の革新政党への集中的投票を減少させるという政治的な狙いをもつものとして、学生のほか多くの批判にさらされた。このことについて、1946年通達が学生住所を寮・下宿等の所在地にあるとしたのは、「終戦後選挙権の年齢が引き下げられたため一躍約2400万の有権者が増加した上に当時の交通、通信及び住宅等の事情によって、正確に住所を判定

することが至難であったため、現住所を住所と認定するという便宜に出た措置である」と説明した。1953（昭和28）年9月29日自治庁次長通達では、「学資の出所如何によって住所の認定が行われているという誤解があるが、学生等の住所も一般選挙人と同様にその生活の本拠と認められる場所にある」としたが、先の通達を変更するものではなかった（中川1967：10, 加藤1945：32）。

　本事例において展開された住所概念としては、選挙管理委員会は当時の自治庁通達に従い、学資その他経費の大半を父母の仕送りによっているのであるからXらの住所は郷里にあるとした。これに対し、原審におけるXらの主張は、選挙法上の住所は民法上のそれとは別個であるから、学生の住所は修学地にあると主張し、原審も概ねこの趣旨と結論を認容した。上告審において、最高裁は原審の理由説明と多少異なるところはあるものの、原審の結論は正当であるとした。しかし、最高裁は選挙法上の住所がいかなる概念によって定まるかについては明言せず、単に民法上の用語と同じく「各人の生活の本拠」によるとし、学生等の修学地に原則としてその生活の本拠があるという構成をとった（中川1967：11）。

　この最高裁判決により、自治庁も直ちに本件判旨に従って先例変更の通達を行い、学生の住所は修学地にあることが統一的な見解となったが、選挙権年齢が18歳に引き下げられた2015年の公職選挙法改正により、実家等に住民登録をしたままで住民票を異動していない学生の選挙権が改めて問題となった。毎日新聞が都道府県庁所在地と政令市、東京23区の計74自治体に取材したところ、7市が住民票を異動せず市外に下宿する学生は居住実態がないため、不在者投票を「原則認めない」と回答した。その根拠は、学生の場合は住民票を実家に残していても、修学に伴う転居先が住所になると判断した当該最高裁判決である。総務省選挙部管理課は「自治体の対応がバラバラなのは望ましくないが、どちらの対応が間違っているとは言い難い。住民票は転居先に移すのが原則で、学生に周知していくしかない」としている[26]。生活実態により

---

26 毎日新聞2016年6月28日　東京夕刊

不在者投票を認めない判断は、結果として住民の有権者としての権利を剥奪することになり、憲法の要請に応えているといえるだろうか。住民登録地と居住地の乖離の現実は多数存在しており、「政治的地縁関係が最も直接的な土地で、そして選挙権の行使が最も適正に行われるべき」とする判断を踏まえ、現状の選挙制度と住民登録制度が、住民の多様な生活実態に必ずしも対応しきれていないことが浮き彫りになったと考えられる。

5.2　居住実態と被選挙権の判例[27]

　この事例は、地方議会議員選挙において、引き続き3箇月以上住所を有していなかったとして被選挙権がないとされた2つの選挙において、実質的な居住実態は変わらないにもかかわらず、最終的な判断が分かれたものである。

【事実概要】

　2008年2月17日執行の町議会議員選挙（以下、「2008年選挙」という。）に立候補し当選したXについて、同年2月17日の時点でXが引き続き3箇月以上町内に住所を有していなかったとして町議会がXに対して被選挙権を有しない旨の決定及び県知事がXに対して行った審査の申立てを棄却する旨の裁決に対し、Xが町に対して決定の取消しを、県に対して裁決の取消しを求める訴えを提起した。

　また、その後に別訴として、Xは、2012年2月12日執行の町議会議員選挙（以下、「2012年選挙」という。）に立候補し当選したが、町議会がXに対して行った被選挙権を有しない旨の資格決定について、町に対して決定の取消しを求める訴えを提起した。

27　詳細については、TKC　LEX/DB　文献番号25545316、D1-Law.com　判例ID28252353・28252465、判例地方自治420号10頁、判例タイムズ1437号94頁　参照のこと。

【判決概要】

2008年選挙における一審の徳島地裁判決では、引き続き3箇月以上市町村の区域内に住所を有することが普通地方公共団体の議会の議員の被選挙権の要件の1つとされており、ここにいう「住所」とは、生活の本拠地、その者の生活に最も関係の深い一般的生活、全生活の中心を指すものであり、私生活面の住所、事業活動面の住所、政治活動面の住所等を分離して判断すべきものではなく、一定の場所が住所であるか否かは、その者の住所とする意思のみでは足りず、客観的に生活の本拠たる実体を具備しているか否かによって決すべきものと解するのが相当である。Xが届出住所においてライフラインを使用していなかったことが推認される反面、届出住所において水道を開栓し、電気についても自己を契約名義人に戻し、ガスについても利用を再開するなどして、同時期に届出住所を原告が生活可能な客観的な状況に回復したものと認められる。Xが届出住所を住所とする意思を有していたことを勘案すれば、引き続き生活の本拠、すなわち住所を町の区域内に有してはいなかったとは認められないものというべきであり、原告が被選挙権を有しないとする本件決定は違法であるから、これを取り消すのが相当であるとした。

控訴審の高松高裁判決では、一定の場所がある者の住所か否かは客観的に生活の本拠たる実態を具備しているか否かにより決すべきであり、起臥寝食の場所よりも政治的地縁関係を重視すべき旨のXの主張は採用できない。水道、電気及びガスの使用状況によれば、町内では生活していなかったと認めるのが相当であり、Xは、2008年選挙前3箇月間引き続き町内に住所を有してはいなかったもので、2008年選挙における被選挙資格を欠いているとして、原判決と異なり、Xの請求を棄却した。

上告審の最高裁第二小法廷判決では、本件上告を棄却し、上告受理申立てを受理しない旨の決定をした。

2012年選挙における一審の徳島地裁判決では、2012年選挙前の3箇月間（92日間）のうち、少なくとも58日（約63％）について町内に所在し、Xはそれを証明するため撮影データを保有している。電気、水道及びガスの使用状況に

照らせば通常の生活をしていたものとはおよそ考え難いことは、誰の目からみても明らかであるが、前訴の第二審判決が認定するように、Xは、2012年選挙については議員資格を失うことのないよう生活の本拠であるといえるための最低限の起臥寝食を行いつつ、前回期間と同様の電気、水道及びガスの使用状況でも生活が不可能ではないことを示すため、一見不合理と思われる生活をしていたものと考えられる。本件期間におけるXの生活の本拠は、本件住所にあったものということができる。したがって、本件決定には、取り消されるべき違法があるものといわざるを得ないとした。

　控訴審の高松高裁判決では、上水道や電気、ガスの使用が少ないことについては、客観的に見ても一般には通常の日常生活が成り立たないと考えられるほどごく少量の使用量にとどまっているのであって、一般の社会通念からすると、およそ了解不能なものといわざるを得ない。しかしながら、本件期間においては、起臥の中心的な場所とし、相当の実態のある社会生活を営んでいたと認められるのであるから、2012年選挙前に引き続き3箇月以上町の区域内に住所を有しないとの議員失職の要件を認めることができないにもかかわらず、町議会が決定した違法なものであり、これを取り消すのが相当であるとして棄却した。

　上告審の最高裁第三小法廷判決においても、本件上告を棄却し、上告受理申立てを受理しない旨の決定をした。

【考察】

　本事例で特徴的なことは、実質的な生活の実態は変わっていないにもかかわらず、2つの選挙（2008年選挙、2012年選挙）で地裁、高裁、そして最高裁の判断が分かれていることであろう。2008年選挙での地裁判決は当該地においてライフラインを利用していないことが確認されたが、水道を開栓し、電気の契約名義人を戻し、ガスの利用を再開するなど生活可能な客観的な状況に回復しているとして住所を認めたのに対し、2008年選挙の高裁判決は水道、ガス及び電気の使用状況から生活していなかったと判断し、住所はないとされた。

他方で、2012年選挙では、生活実態から一般の社会通念からすると了解不能なものであるが、議員資格を失うことのないように生活の本拠といえるための最低限の起臥寝食を行っているとして住所が認められた。結局、客観的な生活実態があったかの判断は、各事例においていずれの場所が生活の本拠により近いかの比較問題に過ぎない。

　そもそも、地方選挙における選挙権に住所要件として3箇月という期間を要件としたのは、その団体の住民として選挙に参与するためには、ともに一定期間そこに住み、地縁的関係も深く、かつ、ある程度団体内の事情にも通じていることが必要であるためである（自治省選挙部1996:63）。住所要件の期間の「3箇月」の根拠については、公職選挙法改正の議論の中で、「少なくとも3か月くらいの住所を有するかっこうでなければ、自治体の責任ある有権者としての態度なり行動なりというものは、そのくらいたって初めて選挙権という資格を与えるにふさわしい行動なり何なりになってくるのではないかという最低限の期間」としている[28]。

　「生活の本拠」たるかの判断にあたっては、起臥寝食しているかが重要な判断要素となった。具体的には、①平日や休日の実態、②電気、ガス、水道、電話、し尿の汲み取り等の利用契約と使用料の有無、③食事をとる場所、④家電製品の使用状況、⑤家具及び衣類等の使用状況、⑥住民登録の有無、⑦郵便物の宛先、⑧新聞の契約、⑨地域住民等の交流などをもとに判断している。これらの判断要素は、客観的な生活実態を推し量る技術的な基準にすぎない。しかしながら、被選挙人と地方自治体との関連において、その地域での居住実態は重要な要素の1つではあるが、果たして、そのことのみで地縁的関係の深さや被選挙権が決定されるべきなのであろうか。

　地方議会議員の被選挙権については、公職選挙法の改正が2020年6月20日に公布され[29]、地方議会議員の立候補届に係る見直しがされた。その内容は、

28　1996年4月5日第51回衆議院公職選挙法改正に関する調査特別委員会における長野士郎自治事務官（選挙局長）の発言
29　地域の自主性及び自立性を高めるための改革の推進を図るための関係法律の整備に関する法律（令和2年法律第41号）

立候補の届出に添えなければならない宣誓書において公職の候補者となるべき者が誓う事項として、住所の要件を満たすものであることが追加され、当該宣誓書において虚偽の誓いをした者は虚偽宣誓罪の適用対象となる。この改正は、住所要件を満たさない者が当選を得られないことを承知のうえで立候補することを抑止するためのものとされているが、多様な生活スタイルがある中で、法が求める居住実態と本人の意思が一致するとは限らず、実効性には疑問が残る。地方議会議員の被選挙権に住所要件が必要であるかについては、政府においても様々な議論があり[30]、今後の課題としてあげられる。

　以上、判例を基に現実場面における住民概念について考察を加えた。次に、住民がもつ多様な側面に着目した住民概念の先行研究を整理する。

6. 多様な側面から捉える住民概念

6.1　参政権の主体としての住民

　山崎重孝は、住民の概念について「参政権の行使」「公共サービスの提供」「公共サービスの負担分任」という3つの要素が包含されており、これらの要素を統一して構成するために、住所を住民の要件として地方自治法で定めているとしている。そして、日本国憲法において住民に関する定義がない中で、憲法第93条及び第95条がいずれも選挙権の行使や投票権の行使という場面で住民を登場させていることを踏まえ、具体的な住民概念の構成にあたっては、地方公共団体の参政権を行使する主体として合理的なものでなければならないことが憲法上の要請であるとしている（山崎2011：2-4,13）。

30　2020年5月25日参議院行政監視委員会国と地方の行政の役割分担に関する小委員会における議論等

　そのうえで、憲法が要請する「参政権を行使する主体としての合理性」を踏まえると、参政権を行使する住民は一義的に構成される必要があることから、住民にとってその属する地方公共団体が明確に規定され、住民を規定する有一の要素である住所も１つに定められる必要がある。私法においては生活の本拠を１つに限定することが必ずしも現代の国民生活の実態に適合的ではないとする議論がある一方で、現行制度において参政権行使の基礎となる選挙人名簿が住民基本台帳に基づいて登録されることから、住民基本台帳法では、地方公共団体の区域内に住所を有するかどうかは、その人の意思による届出にかかわらず認定されるべきものであり、その認定に基づいていずれか１つの市町村の住民票に記載されることが規定されているとしている（山崎2011：6-7）。

　しかしながら、現実的には、住民すべてが選挙の有権者になっているわけではなく、選挙人名簿と住民基本台帳の内容が一致するとは限らない。住民のうち有権者になれるのは、日本国籍があり、年齢、居住期間、公民権停止条件に該当しないなどの一定の条件が必要である。選挙人名簿に登録されていたとしても、居住実態がない場合は有権者となれない場合もある。

　また、「参政権の行使」「公共サービスの提供」「公共サービスの負担分任」という３つの要素を統一的に構成できなくなるような例外として、相当の長期にわたって「客観的な居住の事実」が避難先の地方公共団体に生じたと認定せざるを得ない状況が考えられるとしている。まさに、今回の福島原発事故に伴う長期避難のようなケースであり、住民をこれまでの伝統的な考え方から離れて、客観的居住の事実を抜きにして構成することが可能かどうかという問題に直面するとしている（山崎2011：13-14）。

　山崎は、住民のもつ複数の側面に着目しながら、その中でも住民に対して憲法が要請するのは「参政権の主体としての合理性」であるとした。憲法における国と地方自治体との差異については、住民との関連で論じた原島良成の研究がある。

6.2　憲法における地方自治の存在意義と住民概念

　原島は、中央政府と地方政府の差異は、観念的には被治者との政治上の「距離」の違いとし、ここでの「距離」とは、各政府の政治的意思決定に対して個々の被治者が与えうる影響力の強弱を意味しているとしている（原島2012：11）。

　地方自治における被治者との「距離」の近さから、憲法が国民を住民として位置付けるとき、一定の土地に根付いて生活する人々が地域特殊の公益（＝誰にとっての利益）を享受するものであることを特に意識しており、憲法は公益の存在形態が局地的でありうることに配慮している。公益を享受する国民が同時に住民でもあるということは、全国家的公益が存在すると同時に地域特殊の公益も存在することを踏まえ、憲法は、国民を単純に全国家的公益と対面させるにとどまらず、局地的公益と対面する住民としても正式に位置づけ、政治的距離の異なる二重の統治体制を構築したとするのが適当であるとしている（原島2012：11-13）。つまり、中央政府の政治的な意思決定に一元化するのではなく、多様な地域性を踏まえ、政治的距離の近い地方政府（地方自治体）、本質的には住民による自己決定が地方自治の意義であるとしている。次に、住民の存在を踏まえたうえで、地方自治体（地方公共団体）とはいかなる存在なのか確認する。

6.3　地方公共団体と住民

　太田匡彦は、地方公共団体について「開放的強制加入団体」としての性格をもつと整理している。その要素として、①住所のみを住民の要件としていること、②この住民の要件が地方自治法という国の法律で定められていること、の2点をあげている。ある個人が地方公共団体の住民であるという関係は、当該個人の当該地方公共団体への加入意思によらず（強制加入）、また当該個人を

当該地方公共団体の構成員として承認するという当該地方公共団体の意思にもよらず、ただそこに住所を定めたという事実があれば、だれでも（開放的）当該地方公共団体の住民となる（太田2008：4-6）。

　国民との関係でいえば、日本という領域に居住する全ての人が国民の地位をもつわけではない（例えば外国人など）が、他方で、全ての人は住民という地位を持つことが可能である。このことは、日本の領域に存在する全ての人が、自らの構成員である統治団体を少なくとも2つ（国民・住民）もつという事態を可能にしている[31]。ただ居住という事実でもって、日本の政治体制を構成する統治団体との関係で構成員という地位を与え、その地位やそこから派生する権利義務を通じて、日本という政治体制に当該個人を統合していく機能は、主として地方公共団体を通して実現される体制であるとしている。そして、国が上位かつ包括的な統治団体であるとしても、国と地方公共団体が異なる編成原理に立つことに着目し、両者の異質性を組み合わせてこの統合を考える観点が重要な意味をもつ（太田2008：10-11）として、住所を通して位置づけられる住民と統治団体としての地方公共団体との関連性から、地方自治の意義を見出している。

　いずれにしても、「国民」とは異なる「住民」という存在が地方自治においては重要な基礎概念であり、そして、その住民の存在（地位）は、地方自治体（地方公共団体）との関係で決定される。地方公共団体との関連性でいえば、住民のもつ多様な側面について、住民と自治体行政との関連性の視点から住民の側面を整理した金井利之の研究がある。

6.4　住民の三側面

　金井は、住民を自治体行政との関係から、「対象住民」「公務住民」「市民住民」

31　金井利之によれば、国民国家の構成員としての国民はいるが、国という統治機構に構成員はいないとしており、構成員の定義については、その資格の与え方が様々存在する（嶋田・阿部・木佐 2015：172）。

という３つの側面で捉えることが簡便であるとしている。

　「対象住民」とは、自治体が何らかの作用を及ぼす相手方としての住民であり、「行政される住民」といえる。自治体から住民サービスを受けたり、規制や負担を求められたりする利害関係人（stake holder）としての住民である。これは地方自治法制における住民の定義に近い位置づけであり、役務の提供を受ける権利を有するとか、負担分任の義務を有するという形で位置づけられる（金井2015a :55）。

　「公務住民」とは、行政という機構の担い手となる住民であり、「行政する住民」といえる。公共サービスを担うのは行政職員を始めとする公務員だけでなく、民間事業者やNPOの他にも住民団体や住民そのものも公務の担い手となる場合がある。公務住民の側面は、協働を位置づけるときに重要な側面である。住民が行政と対等に協働できるのは、同じ立場であるから協働できると考えることが最も自然な位置づけであるとしている（金井2015a :55-56）。

　「市民住民」とは、行政の主人としての住民で、政治的な統制者としての側面であり、「行政させる住民」といえる。自治体を統制する主体であり「主権者」としての住民である。選挙権・被選挙権をもち、その他にも直接請求などにより自治体を統制する。自治体は、公務住民そのほかの人間の実働・活動を使役し、対象住民に行政サービスを提供し、規制や負担や義務を課す。その意味では、自治体は、公務住民に対しても、対象住民に対しても支配者として君臨する迷惑な存在であり、その迷惑な存在を何とかコントロールして適正かつ正統に「行政させる」ことが市民住民の役割と機能であるとしている（金井2015a :56）。

　山崎が区分した住民の側面に対して、金井はそれぞれ「参政権の行使」＝「参政住民」、「公共サービスの提供」＝「受益住民」、「公共サービスの負担分任」＝「負担住民」として理解できるとしている。そして、参政住民は市民住民の側面とほぼ一致するが、受益住民・負担住民は対象住民に対して狭い部分集合であり、受益者と負担者が一致しないこともあると考えるのが統治機構としての自治体であるとしている（金井2015a :75）。

【図表2-1：住民の3側面】

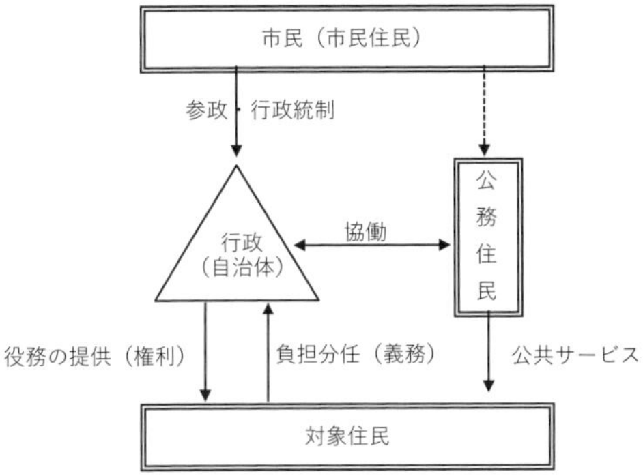

（出典：磯崎・金井・伊藤2020：249　から筆者一部修正）

　日常的には、自治体との関係において住民を深く問われることは少ない。住民の生活レベルでこの3側面が意識的に区分けされている訳ではない。しかしながら、法制度の想定を超えるような事態、具体的には原発避難のような超長期的な避難を余儀なくされ、通説としての住民の位置づけが揺らぐ事態が発生した場合、住民の基礎概念の再構築が必要になるとしている（金井2011：17-19, 金井2015b：107）。

　以上、住民には多様な側面があることを踏まえ、国とは異なる統治主体である地方公共団体との関係や地方自治の意義の観点から住民概念について整理した。次に、これらの住民概念を前提としたうえで、山崎や金井が言及している各種法制度の想定を超える事態となった場合の対応として、福島原発事故における避難者に対して特例的に認められた原発避難者特例法について検証する。

7. 原発避難者特例法の検証

7.1　原発避難者特例法とは？

　９年半におよぶ避難先での避難住民の生活を踏まえれば、「生活の本拠」＝「住所」は、避難先にあると考えるのが通常である。現行制度に基づけば、避難先自治体に住民登録し、避難指示が解除されて帰還する段階で、再度、避難元自治体に住民登録をしなければならない。しかしながら、福島原発事故避難住民への対応として、国は原発避難者特例法を制定した。では、原発避難者特例法とはいかなる法律なのか。

　原発避難者特例法の立案作業が始められたのは、片山善博総務大臣（当時）が、計画的避難準備区域に指定された福島県飯舘村を訪問した際の菅野典雄村長（当時）との意見交換が契機となっている。片山大臣は、2011 年 8 月 2 日の衆議院総務委員会で、菅野村長の苦悩を直接聞き取った結果として、「全村避難ということで、村民のこれからの避難先での住民として受けるべき住民サービスを確保するにはどうすればいいのかということと、それには住民票を移してしまうというのがもちろん簡便な解決方法ですけれども、それだとみんな一緒にいずれ帰ろうね、そういう思いを共有できないので、何とかこれを両立させることはできないか、そう伺って、それならば二重市民権とまではいかなくても、一・五重市民権ぐらいのことができないかということを二人で相談した結果、(中略)当初我々の方は、住所を移してもちゃんと避難元のところとのきずなが保てるようなことを念頭に置いていたんですけども、そっちは従にしてくれ、二の次にしてくれと。まず、移さなくても避難したところで行政サービスが受けられるように、そこをメーンにしてくれというかなり強力な要請もあったりしまして、こちらの考え方を多少修正する必要に迫られ

たりもしました」と答弁している。

　法案は、関係団体との意見交換会を行い、2011年7月22日に閣議決定されて国会に提出された。衆議院においては8月2日に修正案を、参議院においては8月4日に可決し、8月5日の本会議で可決成立し、8月12日に公布された。立案の趣旨としては、①市町村の区域外に避難している避難住民に対する適切な住民サービスの提供、②住所を移転した住民と元の地方自治体との関係の維持、という2つの課題に対処するためのものである。

　その内容としては、まず、第2条において避難住民や住所移転者等の定義が定められている。「避難住民」とは、福島原発事故を受け、警戒区域等が設定されたことにより、その住所地市町村の区域外への避難を余儀なくされた者であり、引き続き当該市町村の住民であり住民票を移していない者を指す。「住所移転者」とは、同じく、住所地市町村の区域外への避難を余儀なくされた者であるが、避難先の市町村に転入し、避難元市町村の住民でなくなった者を指す。その中でも「特定住所移転者」とは、住所移転者のうち、引き続き避難元市町村に関心を有し、指定市町村及び指定県からの情報提供などを受けることを希望する旨の申出をした者を指す。

　第4条では、避難住民に対し指定市町村への14日以内の届出を義務づけている。そして、第5条において、指定市町村または指定都道府県による処理が困難な特定の事務に係る届出及び総務大臣による告示について規定している。第6条では、指定市町村・指定都道府県が避難住民に係る避難場所等を通知することによって、第5条の規定により告示された特例事務を避難先団体が処理することができることとする避難住民に係る事務処理の特例を規定している。

　第9条では、避難住民の事務処理の特例に係る費用負担及び国の財政措置について規定している。避難先団体が処理することとされた事務に要する経費は、原則として避難先団体が負担することとし、国が必要な財政上の措置を講じることにより的確に避難先団体において事務処理が行われることを担保するとしている。

　第11条では、特定住所移転者に係る施策等について規定している。住所移

転者のうち、引き続き避難元市町村に関心を有する特定住所移転者に対し、避難状況や被災状況についての随時の情報提供や避難元市町村との関係を維持するための施策を講ずるとともに、それらの施策に関して、特定住所移転者が意見を述べることができる仕組みとして、第12条で住所移転者協議会について規定している。

　なお、附則の第3条では、議員修正により、本法律に定める避難住民以外の東日本大震災により市町村の区域外に避難を余儀なくされている住民に対しても、避難元または避難先の地方公共団体が適切に役務を提供することができるようにするため、国に対して、特例法に定める避難住民に係る措置に準じて、必要な措置を講ずる旨の規定が追加された。

7.2　先行研究や判例からみた住民概念との矛盾

　住民概念の先行研究を改めて整理すると、憲法では「地方自治」の章で住民が定義されており、居住・移転の自由を保障したうえで、地方自治法においてまず自治体の「区域」が定義され、その「区域」に「生活の本拠」＝「住所」を有しているものが、「住民」とみなされる構図となっている。日本国内の区域はいずれかの市町村に属しており、住所を有している住民は、必ずいずれかの市町村に属することが原則となる。

　民法の規定における住所については、客観的な事実に基づき判断することを前提としながら、本人の意思は他の諸般の事情とともに考慮すべき一要素とした。今日の複雑な生活関係のもとでは、生活の中心は複数ありうると考えるべきであり、それぞれの法律関係につき最も深い関係のある場所をもって住所とすべきとした。

　住民の要件である住所については、民法の規定により生活の本拠とされ、複数説もありうるが、公法上は採りがたいとし、特に選挙においては、投票権の二重行使の防止等の見地からいっても、必ず一箇所に限定すべきであるとした（自治省選挙部1996：64）。判例においても「一人で二ケ所に住所を有するこ

とができるものと解すれば同一人が二ケ町村で選挙権を行使し或いは同一町村で二つの選挙権を行使し得る結果となり、かかる結果は町村制の認めないところであって、選挙に関しては住所は一人につき一箇所に限定されると解すべき」として、選挙に関して住所は1人につき1箇所に限るとしている。併せて「住所を有するが故に住民となり、住民たるが故に、その属する公共団体の選挙に参与する権利を有するものである」として、住所と選挙人名簿の関係に言及し、仮に選挙人名簿と住所が一致しないような場合には、実際に住所を有するかどうかで判断すべきとしている（昭和23年12月18日判決　最高裁第二小法廷）。

　以上を踏まえ、原発事故避難者における「住民」「住所」はどう整理できるであろうか。判例を検証すると、住所の要件としては、「健全な社会通念に基礎付けられた住所としての定型性」が必要とされ、外国人の場合は、更に「安定した生活を継続的に営み、将来にわたってこれを維持し続ける蓋然性が高いこと」も加味された。また、地方公共団体であるためには、その構成員としての住民に「経済的文化的に密接な共同生活を営み、共同体意識をもつ」ことが求められた。これらを踏まえ、原発事故避難者の客観的な居住の事実から避難元に住所があると考えるのは困難であろう。また、原発事故避難者の共同体意識は、果たして避難元自治体にあるのか、避難先自治体にあるのか。その中で原発避難者特例法に基づき避難元に住所を有すると判断された場合、住民基本台帳に記録され、選挙人名簿にも登録されている避難元自治体だけが、政治的地縁関係が最も直接的な土地で、そして選挙権の行使が最も適正に行われるべきところといえるであろうか。少なくとも、避難先での生活はそこに固定した生活等の拠点を有し、継続的な活動を予定している者として「住民に準ずる地位にある者」と判断されるであろうし、その居住する区域の地方公共団体と特段に密接な関係を持つに至ったと認められる。その意思を日常生活に密接な関連を有する地方公共団体の公共的事務の処理に反映させるべく何らかの手立てを考慮することは、最低限必要と思われる。また、避難を余儀なくされ、客観的な居住実態が避難先にある議会議員の場合、避難元自治体の被選挙

権を有すると判断できるであろうか。

　原発避難者特例法は、避難住民が指定市町村の住民であり続けることを前提としている。国の見解として、2013年4月30日に開催された第30次地方制度調査会第32回専門小委員会において、碓井委員長が「地方自治法上の住民の要件、住所を持っているということですが、その住所概念は別に動いていないわけですね。そういうもとで、避難先とはいえ、長期間そこで日常の生活を営んでいるというときに、住所認定は永遠に避難元で続いていくという、今はそういう理解でよろしいでしょうか」との問いに対し、総務省原市町村課長は、「住所認定は主観要素と客観要素がございまして、今、避難元から避難先に移っていて、住民票は引き続き避難元においてある住民の方で、住民票を移さない方については、こういうやむを得ない状況で、今、例えば東京なら東京、警戒区域の外に避難しているけれども、自分は住所はもともとの、例えば大熊なら大熊にあると思っているとご判断されて、住所の認定というのは地元の市町村が判断されますので、大熊町なら大熊町がその住民票が大熊町になると御判断されることについては、総務省としても差し支えないという形で判断をしている」と答弁し、住所の認定は市町村が判断することを前提に、避難元の住民であり続けることを肯定している。果たして、住民・住所の認定は、市町村が判断するものであろうか。市町村が有するのは住所の審査権限のみであり、地方公共団体の構成員たる住民を取捨選択する権利はないはずである。それにもかかわらず、住民の地位を市町村が判断できるとする考えそのものが、現行制度の限界を示しているといえる。

　太田匡彦は、長期にわたることが予想される今回の避難について指定市町村の区域外で生活しつつも、生活の本拠はなお指定市町村の区域内にあると理解するには、定住の意思を重視したかなり強引な認定が必要であるとし、原発避難者特例法が自らの前提として導入した特例は、住民の地位を住所に係らせるという住民の地位と住所の結合を指定市町村の住民に対して解き、指定市町村の住民の地位を個人の意思に依存させるものと理解すべきとしている。そして、原則どおり定住の事実を重視した客観的住所認定に基づくと指定

市町村の存続が危ぶまれることを考慮して、住民の地位を当該住民の意思に依存させる（その反面として避難先市町村の住所要件も縮減させる）特例と理解できるとしている（太田2015 : 28-31）。つまり、客観的居住の事実を前提とされてきた住所要件が、主観的住所概念へ転換されたのである。

　今井照は、原発避難者特例法が既存の考え方を前提に霞が関の机上でプランニングされたものであり、行政そのものが持っている限界性を政治が追認してしまったとし、最大の欠陥として、行政サービスを受けるという視点にとどまっていることを指摘している（今井2011a : 89-94）。この法律の守備範囲が行政サービスに特化している結果として、避難元市町村とのつながりを維持する施策として想定されているのは、里帰り、避難先でのブロック会議や親睦会、転出先での自治会設立・運営、文化伝承事業などにとどまっている。また、特定住所移転者が意見を述べることができる仕組みとして法律に明記された住所移転者協議会は、法の公布から9年が経過した現在、浪江町において設置が検討されたほか、設立の実績は皆無である。

　根本的な欠陥は、住民の持つ多面性を無視し、避難生活の実態と客観的な居住の事実に基づく住民登録の限界が明らかであるにもかかわらず、既存の住民登録制度を頑なに守ろうとしていることにある。そして、特例法といいながらいつまで特例が認められるのか明らかにされていない。2011年8月4日の参議院総務委員会で、片山虎之助議員が「住所を変えない場合ですよ、それをエンドレスで4年も5年も10年も続いて、住所は向こうにあるんですと、住んでいるのはこっちだと、これが通るかどうかです、法的に」との質問に対し、片山総務大臣は「ずっと続くことになりますと、やはりこの法律だけでは賄えない部分が出てくると思いますので、これは今後の原発のプラントの状況、帰還できるかどうかの見通しなどを含めて、いずれどこかでもう一回何らかの再整理が必要だと思います」と答弁し、特例法の再整理の必要性は認識しながらも、その時期を明確にしていない。

　また、原発避難者特例法の不備として、対象自治体が13市町村からの避難者に限定されており、区域外の避難者、いわゆる自主避難者はこれらの措置の

対象になっていないこともあげられる。自主避難者への対応としては、2012
年6月27日、議員立法により「東京電力原子力事故により被災した子どもを
はじめとする住民等の生活を守り支えるための被災者の生活支援等に関する
施策の推進に関する法律」(以下、「子ども・被災者支援法」という。)が施行され。
この中で、「東京電力原子力事故により放出された放射性物質が広く拡散して
いること、当該放射性物質による放射線が健康に及ぼす危険について科学的
に十分に解明されていないこと」(第1条)を踏まえ、「被災者一人一人が第8条
第1項の支援対象地域における居住、他の地域への移動及び移動前の地域へ
の帰還についての選択を自らの意思によって行うことができるよう、被災者
がそのいずれを選択した場合であっても適切に支援するものでなければなら
ない」(第2条第2項)として、避難する権利と避難者に対する適切な支援を明
確にした。しかしながら、2015年7月、国は、子ども・被災者支援法基本方針の
改定を発表し、福島県が示した災害救助法による住宅支援の期限を2017年3
月末までとした。そこには、自主避難者の意向を無視し、避難生活に終止符を
打ち、次のステップへ移ろうとする国や県の明確な意思が読み取れる[32]。

　参政権を行使する主体としての住民の観点から見ても、選挙人名簿登録自
治体と居住実態が一致していない事実として、今回の原発事故にあたり、避難
元自治体に住民登録をしたままで選挙人名簿にも登録されているにもかかわ
らず、居住実態は避難先自治体にある避難住民が多数存在することがあげら
れる。これまでの判例を踏まえれば、選挙権・被選挙権は居住実態のある避難
先自治体にあると判断されるであろう。他方で、原発避難者特例法では、避難
住民の意思により避難元自治体に住民登録をしたまま、避難先自治体で生活
することを国は容認している。このことは、判例で認められなかった住所の認
定における主観的意思（主観的住所概念）を重視したうえで、「住所」と「居住実
態」の乖離を容認したことになる。

---

32 福島原発事故における自主避難者の状況については、筆者も参加した、戸田典樹編（2016）『福
　島原発事故　漂流する自主避難者たち　実態調査からみた課題と社会支援のあり方』、戸田典樹編
　（2018）『福島原発事故　取り残される避難者　直面する生活問題の現状とこれからの支援課題』
　いずれも明石書店に詳しい。

　原発避難者特例法による特例期限が切れたとき、避難者に対して居住実態に応じた届出を強制するのか。あるいは、避難先自治体で居住実態に基づき職権で住民登録することになるのか。いずれにしても、従来からの住民登録制度が大きな転換期を向かえることは間違いないだろう。

8．小括

　住民の概念は、地方自治法により「市町村の区域内に住所を有する者」とし、住所については、民法により「各人の生活の本拠をその者の住所とする」とされている。住所認定の根拠となる「生活の本拠」については、社会通念上、客観的に生活の本拠としての実態を具備しており、将来にわたって維持されることも1つの要素とされた。民法における住所は必ずしも1つとは限らず、生活の本拠としてその中心が複数ある場合は、法律関係に基づき関係の深い場所を住所とすべきとしている。

　また、住民の日常生活に密接な関連をもつ公共的事務は、その地方の住民の手でその住民の団体が主体となって処理することを前提とする地方自治制度のもとでは、その居住する区域の地方公共団体と特段に密接な関係を持つに至ったと認められる者について、その意思を公共的事務の処理に反映させるべく、法律をもって選挙権を付与する措置を講ずることは、立法政策で可能であるとしている。そして、公の施設の利用について、地方公共団体の住所を有する（＝住民登録されている）者ではなくても、そこに固定した生活等の拠点を有し、継続的な活動を予定している者であって租税等を負担すべき立場にあるような者も住民に含まれるとの見解を示している。

　以上を踏まえれば、住所は1つとする住民概念が、住民のもつ多面性を統合（管理）する制度的工夫（あるいは制度的強制）に過ぎないことが明らかになる。福島原発事故避難者の生活実態を真摯に捉え、今後起こり得る様々な課題

を踏まえた制度設計が必要であったにもかかわらず、実際に制定された原発避難者特例法は、既存の住民登録制度を守り続けることを前提とした制度であった。住所の認定は自治事務として市町村が判断するとしながら、実質的には画一的な対応が求められ、避難元自治体に配慮した結果、その場しのぎと言わざるを得ない制度となっている。現実の居住地と住民登録の乖離や避難先住民との軋轢、本来の選挙権のあり方などへの対応はすべて先送りされている。

　住民の多様な生活実態と今後を見据えた課題解決のためには、既存の制度では限界に達しており、住民概念の再構築が不可欠である。

第3章　地方自治制度における住民概念の考察

　前章では、既存の住民概念がもたらす様々な制度的矛盾についてみてきた。では、特に公法上において、なぜ住所単数制が頑なに守られてきたのか。その要因として、地方自治制度と住民登録制度の歴史的分析から、「統治の対象としての住民概念」にあることを明らかにしていく。まず本章では、明治期からの地方自治制度制定過程における住民概念の変遷について考察する。一種のクーデターにより誕生した明治政府は、天皇主権のもとで中央集権国家を構想し、その手段として、「官治」を前提として住民を直接支配する体制を構築した。戦後、日本国憲法の制定により国民主権が明確化され、地方自治制度が憲法上保障されることになるが、それまでの過程において住民概念がどのように変化していくのか。あるいは変化しなかったのか。本章を通して検証していく。

1. 地方自治とは？

　地方自治とは何か。地方自治は「地方」と「自治」という2つの概念の組み合わせである。

　まず「地方」について、地方の対義語は「中央」であり、「地方」が郷土を意味

するのに対し、「中央」は権力を意味し、支配者がいる都のことであった（鳴海2003：15-22）。次に「自治」とは、自分で自分を治めることであり、治める者と治められる者とが同一人物であるべきだという民主主義の基本的な要請でもある。つまり、住民が、よりよい地域社会をつくっていくために、地域の特色を生かして、自分たちのことを自分たちで決めることが地方自治である。「地方」と「自治」の概念が結びつくのは明治憲法の体制が確立してからであり、中央自治を排除して自治を地方に限定するという側面と、中央による地方行政の手段として地方自治を位置づけるという側面とがあった。これらの結果として地方自治は、統治（中央政府からの統制のベクトル）と自治（地方政府による自立化のベクトル）との対立や緊張から成り立つ概念である（今村1988：227-236、今村・武藤・沼田・佐藤・南島2015：168-169）。

　「自治」と「統治」の関係でいえば、完全な「自治」はあり得ず、完全な「統治」もあり得ない。どの程度の「自治」が認められ、どの程度の「統治」が課されるかは、常に程度問題である。「国民国家による統治」と「自治体による自治」の均衡、つまり「集権」と「分権」の均衡のとり方についても程度問題であり、国民国家による完全統治はあり得ず、自治体が独立国家のようにふるまう完全自治もあり得ない。中央─地方関係は時代とともに変遷しており、一般的に国民国家の創設に際しては集権化が進められ、国民国家における国民議会への参政権の拡大や君主主権から国民主権への転換といった民主化の潮流にほぼ対応して分権化が進められる。そして、いかなる国、いかなる時代、いかなる状況下においても最善で最適な地方自治制度はあり得ず、それぞれの状況下において当面する時代の諸課題に的確に対処していくためにはいかなる地方自治制度が最善かということを、その時々に模索していくしかない（西尾2013：11-14）[1]。

　以上を踏まえ、日本の地方自治制度の原型を明治地方制度に位置づけ、その歴史的経過を整理していく。

1　西尾によれば、「自治」と「支配」の均衡は「自律」と「他律」の均衡と、また、近代国家の誕生以降は「支配」を「統治」と言い換えることができるとしている。本書では「自治」と「統治」の関係として整理している。

2. 市制町村制前史

2.1 村（むら）の姿

　明治維新前の「村（むら）²」とはどのような姿であったのか。まず、村の成り立ちについて見ていく。

　児玉幸多は村の行政上の変遷について整理している。児玉によれば、元来村落は山河の地勢に従って人間が集住するところにその起源を発し、太古においては常に日当りのよい水のある土地が選ばれたが、そうした集落は氏族制度時代では同時に氏族の集団でもあった。その後、氏族制度が崩壊するに伴って村落は血縁的なものでなくなり、一つの集落にいくつかの氏族が混在し、地縁的な集落になった。大化改新の時には「里」という行政区割がおかれ、その後「郷」に改められたが、もともと行政区割として設けられただけで地理的な事情を考慮したものではなかったため、それは単に地名に残るに過ぎないものとなった。やがて律令制度が廃れ荘園制度が起こると、私領では荘園が管理の単位となり、一つひとつの集落は行政上、意味のないものになった。その集落は「村」と呼ばれることもあり、「保」「郷」または「庄」と呼ばれることもあった。鎌倉時代から村落が再び政治的な単位となり、室町末期からは盛んに村の結合が行われてくる。村極めや村の掟によって、村落の社会生活を維持することや村人の共同力によって村の危機を避けようとする運動が現れてくる。やがて封建支配者達は、その状態を利用し、盛んに検地を行って年貢徴収の基礎としたが、それらは凡て一村落単位で村毎に石高を決め、それを基にして年貢を賦課した。その年貢を如何に分担するかは村人の相談で決まり、村人全部の

2　本書では、自然発生的な集落としての「むら」と行政区画としての「村」を区別せず、以下「村」で統一する。

連帯責任であった。江戸時代になると五人組制度が設けられて連帯責任が強化された。村の団結は内からも外からも、好むと好まざるとにかかわらず益々固められていく。年貢徭役の賦課が町村単位であった結果、その社会的な団結はますます固くなった。経済的にも当時は村落の自給自足が普通で、一村落は経済的にも一単位であった。他方で、江戸時代にはほぼ町村の自治が認められ、幕府または諸侯は年貢の徴収・人馬の徭役さえ確実であれば他のことは村民の自治に任せていた。ただし、今日の自治とは意味が異なり、これらの賦課は過重なものであったため、衣食住に対する様々な制限など細かい干渉が行われていた（児玉1953：424-428）。

この時代の百姓[3]にとって、農業とその基本となる土地は特別なものであり、土地は百姓の財産（家産）の中心であった。そして家を守り、家産をきちんと子孫に伝えることが多くの百姓の生き甲斐になっていた。百姓の所持地は先祖からの預かりものたる家産であり、家長個人や家族が勝手に処分することはできず、先祖から伝わった家の土地を減らすことなく一括して跡継ぎの子に伝える責任があると考えられていた（渡辺2017：34-35）。

また、今井照によれば、狩猟や農耕など、人間が生きていくために集団を組んだのが村の始まりであるとしている。村と村が交易する場が町、つまり都市であり、江戸時代は城下町や宿場町として発展する。このときの藩、村、町は住所に本質があるのではなく、統治の体系として「関係の概念」であった。村は関係でできている集団の概念であり、土地に村名がついているのではなく、人の集団に村名がついていた。人が住んでいない場所（区域）はどこの村でもなく、土地の区画ではないため、どの村にも属していない国土があった（今井2017a：68-72）。

前述のとおり、江戸時代の納税（年貢）の単位は村であり、藩が村に対して課税をしていた。これを「村請制」といい、村は課税された金額（もの）を集落や世帯に割り振った。藩は定められた税金（もの）が村から納められれば問題は

---

3 この時代の百姓は農民と同義語ではなく、漁業・林業・商工業など多様な職種に携わっている人たちが含まれていた。百姓とは、特定の職業従事者の呼称ではなく、職業と深く関連しつつも、村人たちと領主の双方が村の正規の構成員として認めた者のことをいう（渡辺2017：32-33）。

ないため、村がどのように割り振るかについては関心がない。

　年貢が納められない村人が多数になった場合、個々の村人がそれぞれに借金をすることが困難であり、村が主体となって、実際には名主などの村役人が代表となり契約を結び、村が借金することも行われていた（渡辺2017：76-77）。これらが村の自治の原点であり、村民にとって村は課税をする権力的な存在であるとともに、生命や生活を守ってくれる両義性があった。

2.2　版籍奉還と廃藩置県

　明治維新は、表面的には、徳川家から天皇家への政治権力の移転であるが、実際には、一部領主による政治権力の奪取であり、新政府は、国家の独立維持を目標として、中央集権的な政府の樹立を進めていった。そのために必要とされたのが、従来の領主の領地支配権を政府に集めることであった（上子2010：1）。

　明治政府は、版籍奉還と廃藩置県によってその形を整えた。1869（明治2）年の版籍奉還は、各領主から天皇家への領地、人民の返還であり、1871（明治4）年の廃藩置県により、全ての藩が廃止され、政府が直接統治する行政区画として県が置かれた。

　この一連の流れにおいて住民にとっての最大の変化は、「お上」である明治政府が、村を経由せずに、住民と直接的に接することになったことである。これまでの村の住人という位置づけではなく、日本の「国民」として位置づけられるようになった。この新しい地方のシステム構築の方向性は、村の隅々まで、個々の住民まで「お上」である中央政府の意向を浸透させようとするものであった。つまり、住民の「自治」に任せるのではなく、「官治」のために村を位置づけるものであった（竹下2018：27-30）。

　明治新政府は、集権的な国家統治を完成させるため、支配の単位を村や町から個人へ移行した。廃藩置県により藩がなくなり、領主が地域にいなくなれば、税の徴収は、村を単位とした村請制から、個々の「国民」から直接徴収する方法に変えざるを得ない。そこで、「国民」を漏れなく管理する必要が出てき

た。そのための手法として、土地から人を管理するしくみをつくった。土地の
区画ごとに、そこに住む人を把握すれば、漏れなく個々の「国民」を管理できる
るからである（今井2014a：19-20）。このため、全国の住民を統一的に管理する
制度として、戸籍法が制定されることになる。

2.3　戸籍法と大区小区制

　住民を把握する全国統一の近代的制度として最初のものは、1871（明治4）
年4月4日「府藩県一般戸籍の法」である。急速な近代化を目指し、強力な中央
集権国家を作ろうとしていた明治新政府にとって、前述のとおり個々の国民
を把握することが急務となり、そのための手段として戸籍制度が必要とされ
た。戸籍法では「住民」の語は用いられていない。前文においては「戸数人員
を詳（つまびらか）にし猥（みだ）りならざらしむるは政務の最も先じ重ずる所なり。夫れ全国人民
の保護は大政の本務なること素より云ふことを待たず」(傍点筆者)として「人
民」の語が用いられている。この「人民」は「国民」と同じ意味と捉えられるで
あろう。

　戸籍法が制定されると、戸籍事務施行のため、全国に区制が布かれ、これを
所管する役人として戸長及び副戸長が置かれた。当初の政府の意図としては、
戸籍事務施行のためだけであったが、廃藩置県によって中央政府から任命さ
れていった地方官たちは、新しい中央集権体制を確立するため、この区を一般
的行政単位として、戸長、副戸長に戸籍事務だけでなく、その他の事務を取り
扱わせるようになっていった。その結果、従来の町村行政をとりしきっていた
庄屋、名主、年寄などの町村役員との間に権限の競合が生じることになった。
この事態に対処するため、1872（明治5）年4月9日、旧来の庄屋、名主、年寄等
を廃止して戸長、副戸長に改称し、戸籍事務に限らず、土地人民に関する事件
一切を取り扱わせることとした。次いで同年10月10日、各地方の便宜により、
大区に区長、小区に副区長等をおくという原則を明らかにした。区長や戸長の
身分取扱いについて、当初は一般人民の取扱いであったが、1874（明治7）年3

月8日、従来の方針を変えて、区長・戸長は官吏に準ずる取扱いとされた（地方自治百年史編集委員会1992：206-207）。

　当時の官吏は一般の住民とは根本的に異なる人々であった。官吏とは、天皇の大権に基づいて任命され、国家を治めていた人々、国家公務に服した人々であり、地方官もこれら官吏の一員である。国や府県のあるべき姿を想定し、自らの考えで人民の負担を求め、強制したのが官吏であり、人民を支配する人々であった。これまで「支配される」人民の立場に立って区長・戸長という任務を遂行していたものが、官吏とされたことにより、「支配する」側に立つことになったのである（竹下2018：77-78）。

　このように、大区小区制は、戸籍事務の執行に端を発したものから、地方行政一般の単位に変化していったものであるが、郡町村の区域とは無関係に定められ、旧来の地方の実態を無視した制度であったため、様々な混乱が生じた。一般地方行政上の不便も多く、古来の慣習に合致させようとしたのが三新法である（地方自治百年史編集委員会1992：12）。

2.4　三新法の制定へ

　1878（明治11）年3月、太政大臣三条実美に対して、内務卿大久保利通は「地方の体制及地方官の職制を改定し地方会議の法を設立するの主義」を上申した。この上申書は「第一　地方の体制」「第二　地方官の職制」「第三　地方会議の法」から成る。

　「地方の体制」では、数百年続いてきた固有の慣習を無視して「郡制」を破り、新規に奇異の区画として大区小区を設けたが、弊害あるのみで実益がなく、多少完全でなくとも固有の慣習である郡制と、町村の制度に戻すべきであるとした。そして、大区小区制は「行政の区画」と「住民社会独立の区画」とが混淆[4]しており、府県郡市は「行政の区画」と「住民社会独立の区画」の2種類を併せ

4　異なるものが入り混じること。[デジタル大辞泉（小学館）]

持ち官吏を置き両方の事務を掌ること、町村は純然たる「行政社会独立の区画」としてその区域内の共同の公事を行う者を置くとした。

　ここでの「行政の区画」と「住民社会独立の区画」とはいかなるものか。「行政の区画」とは、国の行政区画すなわち地方において国の官吏が国の事務を執行する「官治」の機構であり、「住民社会独立の区画」とは「自治」のことを意味していた。しかし、今でいう自治とは異なるものであり、法律で縛らず、全て住民やその代表機関に任せてしまおうという自治、つまり「純粋の自治」を意味していた。町村については純粋な自治団体と位置付ける一方で、府県と郡は本質的には行政区画（官治の機構）として位置付けると同時に、自治の団体としても位置付けた。しかしながら、ここでの自治は、町村の自治とは異なり、行政区画としての制約のもとでの自治であった（竹下2018：112-113）。

　「地方官の職制」では、府県郡市における地方官の職制を法律・規則で明確にすべしとしているのに対し、「自治」の区画たる町村に対しては何ら言及していない。

　「地方議会の法」では、住民社会独立の区画、すなわち「自治」の分野においては、各地方が独立の公権を以てその業務を行い、その公権を定めるのは議会の法であるとした。また、議会の法による利害得失は、議会すなわちその住民の責任であり、中央政権に対しては監督の公力を仰ぐのみであるとし、議会が定めることになれば、住民は中央政府に対して「小怨[5]」さえも懐くことがなくなるはずであり、その結果、地方も国も安定するとしたのである。

　これらの内容は、大久保利通の上申書に掲げられた三新法制定の理由に記されており、「維新以来、政府は封建体制から近代的な集権国家体制への改革を行ってきたが、いま国内には不平の空気が充満しており、地方では争乱一揆が頻発して物情すこぶる穏かならぬものがある。これは政府の施策宜しきを得ないことに因るものもあることはあるであろうが、必ずしもそれのみではない。今日往々にて、町村における戸長の措置についてまで政府が攻撃の的と

5　小さなうらみ。[デジタル大辞泉（小学館）]

なることがあるが、これは畢竟[6]、地方の自治を認めないで一から十まで政府
が握って離さぬことから起こることであって、若しもこれを改め、各種行政事
務中、純然たる地方公共事務は地方の自治に任せ、地方議会の決定に従って行
わせることにしたならば、現在のように、町村の末端行政についてまで、政府
が責任を追及されることはなくなるに違いない。しかし制度を改めるには、単
に欧米の制度を模倣するだけでは実情に合わないものになるから、我が国固
有の慣習と現在の人智の程度をよくにらみ合せ、それに適したものを作らね
ばならぬ」(二井1978：51)とするものであった。

　三新法は、大区小区という画一的制度を反省し、府県のもとに旧来の郡や町
村を復活させようとする「郡区町村編成法」、各地において自然発生的に誕生
しつつあった地方民会を法律で規制しようとする「府県会規則」、そして地方
税の税目や地方税をもって支弁すべき費目などを定めた「地方税規則」から
なる (山中2002：106)。

2.5　郡区町村編成法

　大区小区は、主として戸籍の施行を目的とした区割りであり、旧来の郡町村
の区域を無視したものであった。これを改め、旧来からの慣習に基づき、府県
の下に郡区町村を置き、行政事務の便宜にも合致することが「郡区町村編成
法」の立法趣旨である。郡区町村編成法は6条からなる極めて簡潔な法律であ
り、第1条において「地方を画して府県の下郡区町村とす」、第2条において「郡
町村の区域名称は総て旧に依る」として、単なる地理的名称にすぎなかった郡
とともに町村が復活することになる。第5条で「毎郡に郡長各一員を置き毎
区に区長を置く」、第6条で「毎町村に戸長各一員を置く」として、それぞれ郡
長、区長及び戸長が明確に規定された。他方で、住民に関する規定はなかった。
町村について当初の政府原案では、大久保利通の上申書に基づき、純然たる自

6 つまるところ。結局。[デジタル大辞泉（小学館）]

治体とし、国の行政区画たる性質は与えないものとされていた。この案を審議した第2回地方官会議における政府原案の説明では「今府県を以て行政の区画とし、其町村は視て以て自然の一部落とし、戸長は民に属して官に属せず、該町村の総代人とし、而して町村引受の事の其総代たる戸長の担当する所に委託し苛細の牽制をなささんとす」としたが、地方官会議及び元老院で論議を呼び、元老院で「総代として」の文言が削除されることになった（地方自治百年史編集委員会1992：212-214）。

　このことは後の地方制度にとって大きな意味を持つことになる。郡区町村編成法案の趣旨について、松田道之（内務省大書記官）は、町村は「一個人」と同じであるとし、そうした町村には行政は立ち入らずに、純粋に「自治体」にするとしていた。つまり、町村を個人（ひとりの住民）と同じ位置づけをし、一人の住民が「自治」の自由をもっているのと同じように、町村の運営をそれぞれの町村の住民に任せ、行政（＝政府）が町村に干渉しない。そのことを明確にするために、町村の長である戸長を官吏ではなく民に属するものとしていた。しかしながら、地方官会議及び元老院における議論では、ことごとく町村の「自治」を否定するものであった。戸長の給料についても、地方税をもって支弁することとされ、町村が府県の下部機関、つまり町村が「行政区画」とされたのである。町村を純然たる「自治体」とする構想は、あえなく消え去ってしまうことになった（竹下2018：117-129）。

　その結果、町村は行政区画の性格をもち、戸長は、町村の理事者であるとともに国の出先機関たる性格をあわせもつことになった（地方自治百年史編集委員会1992：214）。町村における戸長は、官吏たる郡長の指揮監督下におかれ、官治行政の末端機構に組み入れられ、これにより住民は、中央政府から派遣されてきた地方官によって「治められる」存在、支配される存在になっていくのである（竹下2018：139）。

　郡区町村編成法では、町村の戸長の選任方法について定めていなかったが、1874（明治7）年8月26日、区長は「可成公選せしめ」とされ、その公選された者を府知事県令が任命することとされた。公選方法等は「地方適宜に定むべ

き事」と各府県に委ねられた（地方自治百年史編集委員会1992 : 214）。

　郡区町村編成法により政府は、地方の名望家を郡長に任命することによっ て、府知事県令の下部統治機構内に組み入れた。彼らの支配力、郷土連帯感を 利用して郡長と地方名望家層との結合を図り、それを通じて町村統治を行い、 農民一揆と自由民権運動に対抗して、人心収攬[7]と体制の安定を図ろうと企図 したのである（山中1991 : 23）。

2.6　府県会規則

　「府県会規則」は郡区町村編成法と比較しても詳細に規定されている。その 主な内容としては、府県会は、第1条で地方税をもって支弁すべき経費の予算 及びその徴収方法を議定するとし、第3条で通常会臨時会の議案はすべて府 知事県令から発せられるとし、第5条でその議決は府知事県令の認可を得な ければ施行されず、府知事県令がその議決を認可すべきでないと認めるとき は、その事由を内務卿に具状して指揮を請うとされた。このように、自由民権 運動が白熱した当時の世相に対する政府側の態度を反映して、府県会に対す る府知事県令の地位の優越、国の監督の厳しさが明確にされている（地方自治 百年史編集委員会1992 : 215-216）。

　府県会規則では、日本で初めて選挙制度が定められた。選挙の区域と議員定 数については、選挙区は郡区を単位とし、第10条で郡区の大小により5人以下 を選ぶとされた。そして、府県会議員の選挙権は、第14条で満20歳以上の男 子で、その郡区内に本籍を定め、その府県内において地租5円以上納める者に 限るとされ、被選挙権については、第13条で満25歳以上の男子で、その府県 内に本籍を定め、満3年以上居住し、その府県内において地租10円以上納め る者に限るとされた。このように、住民全部に自治に参加する権利（＝選挙権） を与えない制限選挙が採用された。

7　人の心などをとらえて手中におさめること。［デジタル大辞泉（小学館）］

　地租を納めていること、つまり土地に対する税金を納めていることが重要な
要件であり、「地主の自治」と呼ばれる。これは「恒産恒心主義」によるものであ
る。それまでの封建領主のもとにあって完全な土地所有権が認められなかった
中で、1873（明治6）年の地租改正によって、地主ははじめて天皇から土地所有
権が認められた。天皇によって所有権が認められることにより、地主は天皇に
忠誠心を持つことになる。恒産恒心主義により、財産のある者は忠誠心があり、
特にその財産の中でも土地の私有権こそがもっとも重要であり、地主階級こそ
が日本の政治の社会的な柱であるとして地主に特権を与えた。これは明治政府
の一貫した考え方であり、地主制＝天皇制であった（宮本1986：66-67）。

　その後、府県会規則については数次の改正が行われるが、その中身は、府県
会の権限の縮小、国の監督の強化であった。

2.7　地方税規則

　江戸時代においては、国家の財政というものは存在せず、支配者たる徳川家
は、自らの直轄領地からの収入に頼ることを原則とし、時に、個別の賦役や上
納金を各封建領主に課すことがあるのみであった。明治新政府も没収した徳
川家の所領や新政府に反抗して潰された封建領主の領地からの収入に頼って
おり、その内容は主として土地に対する租税であった。また、従来の慣行を重
視したため、その制度は地域によって様々であり、廃藩置県を経て、中央政府
が中央集権的な支配を確立したのち、全国統一的な近代的租税の確立が図ら
れ、地租改正が行われた（上子2010：12）。これは、土地に対する課税を全国的
に統一し、これを国税の主軸にしようとするものであり、土地の生産価値に基
づいて、その価値に対して、一定の割合を納付させるという近代的な租税が確
立されることとなった。ただし、その実施には長期間を要し、1876（明治9）年
頃より調査を開始したが、地租条例が制定されたのは1884（明治17）年であり、
制度がほぼ完成したのは1888（明治21）年ごろとされる（上子2010：17）。

　このような状況の中で1878（明治11）年に地方税規則が制定された。この規

則は地方税といいながらも、府県税についてのみ定めるものであり、府県税として地租割、営業税、雑種税、戸数割の4種を定めた。実際には、営業税と雑種税は従来から府県税として徴収されていたものであり、地租割と戸数割は地域で協議により分担される民費の中心をなすものであった。つまり、地方税規則の制定によって新たに府県が得た税目はなく、民費に頼っていた区町村には不利に働いたものであった（上子2010：17）。

「地方税規則」は、区町村の財源を略奪しながら区町村を国政委任事務の執行機関にしようとしたもので、「郡区町村編成法」「府県会規則」による行政体系の展開を財政面から裏付け、府県財政の基礎を固めて、中央集権地方官僚制機構を一層強化することを企図したものであった。

2.8　区町村会法の制定とその後

三新法制定当初には区町村の議会については特に規定はなかったが、その後、町村会を中央政府の法令で定める端緒を開いた。こうして、町村会の開設は、急速に各府県に普及していくことになった。このように各地で開設された区会町村会について、それを追認する形で制定されたのが、1880（明治13）年4月8日に公布された「区町村会法」である。法は概括的な大綱を定めるにとどめて、細則は地方の自由を認めるようになっていた（地方自治百年史編集委員会1992：218-219）。

この区町村会法には議員の選挙の方法については直接定めがなく、府知事県令の裁定を受けて区町村の規則で定めることとされた。このため、選出の方法は各区町村で異なっていたが、1884（明治17）年5月7日に全面改正され、選挙の方法は区町村会の規則ではなく、府知事県令が定めることとされた。選挙人の資格については満20歳以上の男子で、その区町村に居住し、かつ、その区町村内において地租を納めた者に限るとされ、被選挙権は選挙人の資格をもつ者で年齢満25歳以上の者とされた（二井1978：55）。

三新法体制は、公選議員の設置と町村の一定の自治を容認しつつ、府知事県

令など地方長官の行政権の優位を確保する一方で、地方長官に対する中央政府の指揮、監督を強化し、末端官僚として郡長を設けて、地方官僚制機構の整備、強化を図り、戸長をその行政体系へ従属的に組み入れることによる地方支配の国家体制であった（山中1991：33）。三新法は、地方制度の体系を、府県レベルから町村レベルまで包括し、全国の地方制度を規定した統一的法令であった（松沢2013：112）。しかしながら、その後、永く受け入れられる制度ではなかった。

3.市制町村制の制定過程

3.1　村田保の町村法草案

　三新法に変わるべき新たな地方自治制の立案作業が本格化したのは、1883（明治16）年秋からであり、内務卿山田顕義が内務大書記官村田保に調査を命じ、村田は翌年5月に山田の後任内務卿、山縣有朋に対し「町村法草案」を提出した。

　草案の中身を見ていくと、総則では、全国地方行政の体系として、ほぼ郡区町村編成法と同じで、府県の下に郡区があり、その下に町村をおいた。町村はすべて現在の区域名称によることとされ、これを国の行政区画とすると同時に、法人と認めて政府の監督のもとに自治事務を行わせるとした（亀卦川1967：19-20）。

　町村に住む者の定義については、土地家屋の所有にかかわらず、町村内に居住する者は人民とした。また、「本法に依り町村の公務に参与し且つ町村一般に属する所得使用の権を有すると共に其反面に於て公同の負担を為すの義務を負ひ、重病其他所定の事由有る者以外は無給を以て一定の任期間職務を奉ずるの義務を免るることを得ず」とし、町村人民の権利義務を規定した（東京

市政調査会1940：82）。このように町村人民について、公務に参与し、町村一般に属する所得使用の権利を有するとともに、公同の負担をなす義務を免れないと規定されているが、別に選挙権、被選挙権を定めているため、町村人民がすべての権利義務を有するものではない（亀掛川1967：20）。また、特徴的な点として町村に原則として五人組を設けることとした。

　当時の日本では、憲法制定と条約改正を目標として、諸般の法制を急いでいた。条約改正問題は、まず近代国家にふさわしい国内体制を確立することが前提条件であるとの結論に達していたため、五人組制度を織り込んだ村田案は一顧に値しないものとされた（亀掛川1962：48）。この報告書に対し山縣は満足せず、1884（明治17）年、新たに内務省内の若手書記官を町村法調査委員に任命し、調査立案に当たらせた。

3.2　町村法調査委員案

　1884（明治17）年11月、白根専一、清浦奎吾、山崎直胤、大森鐘一、久保田貫一の5人のメンバーを町村法調査委員に任命し、委員は翌年6月に「町村法草案」を山縣内務卿に提出した（地方自治百年史編集委員会1992：312）。

　その内容について、総則では、村田案では区に関する規定があるのに対し、この案では区に関する規定は、別に「区法」に盛られている。また、村田案にあった五人組と総代人がなくなっている。町村に自治団体たる法人格を与えると同時に、国の行政区画たる地位を与えることは、村田案と同様であった（亀掛川1967：25-26）。

　町村に住む者の定義については、案ごとに変化がみられる。第1案では「町村内に満1年以上連続して住居を定むる者は総て其町村人民」とし、第2案では「町村人民を町村民」と改め、更に但書を附して皇族と現役軍人は除外することとした。更に、第3案では町村民を3つに分け、①日本国民で住居を定める者を町村人民、②1年以上連続して住居を定める者を町村住民、③町村住民のうち満20歳以上の男子で土地を有しまたは一家を構える者は町村の公務

に参加する権利義務を有するとした。また、町村人民にあっては、その義務として「村の経済其他公同の事業に関し法律命令に従ひ町村費用を負担す」と規定し、町村住民にあっては「法律命令若くは慣習に従ひ町村有財産を使用する権利及其受益を受くるの権を有す」と権利義務を規定した（東京市政調査会1940：93）。村田案での町村人民の権利義務はその資格が制限されており、事実上は住民と公民が区別されていたが、町村法調査委員案では、この区別が明文化されたものである（亀掛川1967：26）。

3.3　ロエスエル意見（町村制二関スル法律草案ノ注意）

　町村法草案の作成にあたり、内閣雇ロエスエル（Hermann Roesler）とモッセ（Albert Mosse）の意見を聴いた。ロエスエルの意見書は、1886（明治19）年に提出され、町村法草案における町村民の区別について「町村民をかくの如く三種に区別することは奇異にして且つ賛同すべからざる所である」とした。その理由として「町村内に住居せざる町村の人員にして義務を有する者がある」とし、そのケースとして「第一町村に於て土地若くは家屋を所有し又は営業を為す者、第二町村に於て糊口[8]の目的を以て久しく（三箇月間）住居する者但し國税を課すべきもの」があたると指摘した。外国人が町村民になり得るかについて「プロシア[9]に於ては外國人は町村民たるを得るけれども、町村民の公権を行うことを許されない。バワリヤ[10]に於ては外國人も町村民公権を享有し得る」とした。また、草案が町村民公権の要件として土地若しくは家屋の所有のみを揚げたことの問題点として「資本家、医師、教員、代言人及び其他多数の職業者は、若し借家に住居するときは此の権利を有せず、而して市街にあってはこれらの人々は通例借宅するものであろう」とした（東京市政調査会1940：100-101）。
　市町村について画一的な法制度でのぞむことに無理があることを主眼にお

8《粥（かゆ）を口にする意》ほそぼそと暮らしを立てること。[デジタル大辞泉（小学館）]
9　プロイセン王国。
10　バイエルン王国。

き、草案のように町村民として公権を行使するのに土地又は家屋の所有を要件としたり、選挙権・被選挙権を地租を納める者に限るようなことをすると、町部において商工業や自由業等を営んでいる有力者が疎外されてしまう恐れがあると指摘している（地方自治百年史編集委員会1992：316）。

3.4　ルードルフの町村法草案

　起草の経過や年月日等は不明であるが、内閣顧問として招聘されたルードルフ（Karl Rudolph）による町村法草案がある。この草案では、第4章に「町村官民及町村民及其権利義務」を規定し、町村官民は「町村内に住居を有する者を云ひ皇族現役軍人を除く」とし「町村の財産及営造物を使用収益する権利を有し町村の負担に与る義務ある」とした。更に、町村官民の中で「町村民権を有する者を町村民又町村仲間（ゲマインデミットグリッド：Gemeindemitglied）」とした。町村民の資格要件として「①日本國民たる男子にして」「②公権を有し」「③年齢満二十歳以上にして公の救助を受けず且一箇年前より町村内に住居し」「④町村管内に住宅を有する者又借家に住居する者又所有地・営業資本・財産又収入に係り少くとも一年来直接町村税を納むる者」とした。また、選挙権等に関し、町村民は選挙権・被選挙権を有するが、町村税総額の5分の1以上を納める多額納税者は町村会議員となり得るとした（東京市政調査会1940：105-107）。

3.5　モッセの地方自治観

　町村法調査委員案に対し、日本政府によって招聘された内閣法律顧問であるモッセが意見を述べている。その意見は、①あらかじめ地方自治体を建てて、国家の基盤を強固にすべき、②憲法制定に先立って地方自治制度を確立すべき、③地方制度の調査を遺漏なく進めるには特に高等の一機関を設け、あらかじめ改革の大綱を確立すべき、とする3点に集約できる（地方自治百年史編集委員会1992：316-317）。

　モッセの地方自治に対する考え方を見ていくと、自治制を布く前提条件として、人民の側にその元素が整備されることが必要だとしている。それを踏まえ、自治体の編制は憲法を確定する前に完備すべきであるとの意見をもっていた。国政の基礎としての地方自治という考え方が根本にあり、権利を有する者は当然義務を負担すべきとする考え方から名誉職制度を地方自治の本質的要件としている。更に、名誉職制度を徹底させることの結果として、人民の参政を議決機関にとどめないで、合議制の執行機関たる参事会にまで高めるのが無二の良制度であるとする一方で、地方団体に対する国の監督権を強化することが肝要であるとしている（亀卦川1967：48）。

　山縣有朋は、深くこれに共鳴し、閣議の決定を経て地方制度編纂委員を置くこととし、憲法制定に先立って地方自治制度を確立する決意を固めた。

3.6　モッセによる「地方官政及共同行政組織の要領」

　1887（明治20）1月24日付けで政府は、青木周蔵、吉川顕正、野村靖、モッセの4人を地方制度編纂委員に任命し、続いて同月27日山縣有朋が委員長に就任した。また、白根専一、大森鐘一、荒川邦蔵の3名が委員に附随して調査に従事することになり、町村制だけでなく、広く府県と郡とを含めた地方制度作成のための体制が整った。モッセは委員会を開くに当たって、まず大体の綱領を列挙して議決をとり、かつ、閣議決定することを要請し、自ら案を起草して、同年2月1日付で山縣委員長に提出した。これが「地方官政及共同行政組織の要領」である（地方自治百年史編集委員会1992：317）。

　まず基本体系として、国の行政区画は現状どおり府県郡とし、町村と同じく地方自治団体を兼ねるものとするが、町村は国の行政区画の性質を持たないとした（亀卦川1967：50）。

　府県の区域は現状のままとし、その機関は知事、府県常置委員、府県会、特別の委員の4つから成る。知事は内閣の上奏により皇帝が任命する。常置委員は官吏と選挙された委員で組織される。県会は県内各郡区の代議員をもって組

織し、被選挙権の要件は、30歳以上の独立する日本国民で、公権を有し、かつ
1年以上郡区内に住居をかまえ、または土地を所有することとした（亀掛川
1967：51-52）。

　郡区の区域は現状のままとし、その機関は郡長、郡常置委員、郡会、委員の4
つから成る。郡長は高等官とし内務大臣の上奏によって任命される。郡常置委
員は郡長と郡会において郡民中より選挙した者をもって組織する。郡会は町
村会議員またはその選挙人の選挙した町村代議人、大地主、大営業人をもって
組織し、郡会の被選挙権は県会議員と同じとした（亀掛川1967：53）。

　町村の区域においても現状のままとするが、資力の乏しい町村で地形上合
併しうるものは合併するとした。合併及びこれに伴う財産分割は県常置委員
が議決し、町村の境界変更は郡常置委員が議決する。町村民たる資格は住居
（ウォーンジッツ：Wohnsitz）によって定まるものとするが、町村住民（ビュルゲル：
Bürger）たる資格要件は別に法律で定める。町村民は町村の営造物を使用する
権利を有し、また住居を得てから3箇月後には町村の負担を受ける義務があ
る。町村住民は町村の職員に関し選挙権及び被選挙権を有し、その職務を担任
する義務を有するとした（亀掛川1967：54）。

3.7　地方制度編纂綱領

　モッセの原案に基づき、地方制度編纂委員が審議を重ねた結果、1887（明治
20)年2月24日「地方制度編纂綱領」が閣議決定された。モッセの原案と比較
して大きく変わった主なところは、府県知事は「要領」では内閣の上奏により
任命されることとされていたが、「綱領」では内務大臣の上奏によることとさ
れ、同時に府県行政の首長たることが明記された。県会議員の被選挙権資格中
「1年以上郡区内に住居をかまえ」の「郡区内」が「府県内」となり、新たに納税
要件として「直接の国税県税10円以上納める」ことが追加された。町村長に
ついて、「要領」では人口5千人以下の町村の町村長は名誉職、それ以外の町村
は有給としていたが、「綱領」では町村長は名誉職を原則とするとした。町村会

議員の選挙権の資格要件として、「綱領」では新たに「独立なること」が加えられた。町村長の職務権限について、「要領」では町村事務を管理しこれを執行する機関とし、他人に対して町村を代表する旨掲げたに過ぎなかったが、「綱領」ではさらに町村長が町村会の議長となり、その議決に加わる権を有する旨を定めた。これによって、町村は純然たる自治団体から国の行政区画たる性格を併せ有するものに変わった（亀掛川1967：80-82）。

3.8　自治部落制草案

「地方自治編纂綱領」が閣議決定されると、モッセは市・町村制の起草に着手し、草案を作成した。その草案を荒川邦藏が訳し「自治部落制草案」と称した。「自治部落」とは、ドイツ語の「Gemeinde」の訳で、市町村を総称する言葉としてこの語が使われている（地方自治百年史編集委員会1992：320）。「Gemeinde」は、現在では行政上の最小単位としての地方公共団体、市町村等と訳される。第1条において「自治部落は町村又は市区とす」「市区とは一郡の区域に属せざるものを云ふ」「其他の自治部落は総て町村とす」とし、「自治部落」とは町村と市区のことで、市区は郡の区域に属さないものをいい、その他の自治部落は総て町村としている。

　町村に住む者の定義としては、第二款　自治部落属民其権利義務において、第7条「現役軍人を除き自治部落内に於て法律上の住居を占むる者は総て部落属民とす」（傍点筆者）として「属民」の語を用いている。その権利義務として、自治部落内に住居をもつ部落属民は、部落の公共施設を共用し、部落財産を使用する権利を有し、部落の負担を分任する義務を負うものとされた。

　また、第8条では「男子にして名誉公権を具有したる独立の日本臣民にして2年以来

　甲　部落属民となり

　乙　公資の救助を受けず

　丙　部落の負担を分任し

丁　ヽヽヽヽヽヽしたる
者は総て部落の住民とす」(傍点筆者)とし、第9条で「部落住民は其住民権の
中止せられざる時限部落の選挙に参与するの権利を有し且部落の代議及行政
に関する無給職を担任するの資格を有す」としている。つまり、部落属民の中
で、公権を具有した独立の日本臣民たる男子で、2年以上部落属民であった者
を部落住民とし、部落の選挙に参加する権利と部落の代議及び行政に関する
無給職になる資格を与えることとした。

　国家もしくは部落のために著しく功労のある者に対しては、一般住民たる要
件を欠くものに対しても、部落会の議決をもって「名誉住民権」を与えるもの
とし、これに対しては部落内の義務を伴わないものとされた(第11条)。また、第
14条第2項において「部落内に於て最多額を納税する部落属民3名の1人よ
りも更に多額の直税を納むる者にして内国人たるとき」は、その他の要件を欠く
場合であっても選挙権を与えることとされた。更に、選挙有権者全体の納める直
接部落税総額の6分の1以上を納める者は選挙を待たないで部落会議員(一般
定数外)たる権利を有する(第35条第1項)とされた(亀掛川1967:100-101)。

　草案の特徴としては、地方自治は権利であると同時に義務であるという考
え方を基調としていることである。地方団体として国に対する義務の側面が
著しく強調されており、地方団体の構成員たる住民としては、所属団体に対す
る義務の面が特に重視されている。また、人民の負担と権利との比例を重視
し、これを照応するよう制度上細心の工夫をこらしている。等級選挙を採用
し、多額納税者に実質上多くの投票権を与えたことや名誉住民制度がその一
例として挙げられる(亀掛川1967:106-107)。

3.9　元老院等における市制・町村制審議

　地方制度編纂委員会が、自治部落制草案の審議を始めたのは、1887(明治
20)年7月13日であり、自治部落制草案を市制、町村制の2つに分割し、それ
ぞれに審議を進め、さしたる修正がない中で9月上旬に委員会の議決を経て、

　9月17日に山縣委員長から市制・町村制の草案が内閣に提出された。

　内閣における意見は、案の大綱に対して異論はなく、主に実施上の便利を目標として簡素化を図るべきとの意見であった。主な修正点としては、①土地はすべて町村に属せしめる旨の規定の削除、②名誉住民の削除、③多額納税者は選挙によらないで議員たりうる旨の規定の削除、等であるが、概観して国の統制を強化する方向に進み、一方で原案よりも市町村の自主性を加えたものもあった（亀掛川1967：116-117）。内閣において修正を加えられた原案は、同年11月16日に町村制を、同月18日に市制を元老院に付議された。

　元老院は、1875（明治8）年の制度改正により、従来の左院・右院を廃して、大審院とともに設置された。政府が制定しようとする法律は、その議を経ることになっており、元老院を上院、地方官会議を下院に模したものと考えられている。しかし、その権限は、現在の国会のように完全なものではなく、元老院は内閣から交付された議案を修正することはできるが、内閣は必ずしもこれに拘束されないことになっていた。元老院における町村制の審議は、1887（明治20）年11月22日の第1回会議を始めとし、21回の会議を開いて、翌年1月31日に修正案が確定して審議が終わった（地方自治百年史編集委員会1992：325-326）。

　元老院の審議では、自治部落制草案を踏まえた住民の定義について議論された。1887（明治20）年11月22日に開催された第一読会で提示された町村制案では、第6条で「凡町村内に住居を占むる者は総て其町村属民とす」（傍点筆者）として自治部落制草案と同じ「属民」が使われていた。また、第7条では、凡帝国臣民にして公権を有する独立の男子二年以来①町村の属民となり、②其町村の負担を分任し及③其町村内に於て地租を納め若くは直接国税年額二円以上納むる者は其町村住民とす（傍点筆者）として、自治部落制草案と同じく、一定の要件を備えた者を住民としていた。

　1887（明治20）年11月23日に開催された第二読会では、楠本正隆委員が、「属民」という表現は法律上の呼称としては唐突で不適当であるが、両者を「住民」とすれば区別がつかないため、原案の「属民」を「住民」に、「住民」を「公民」にすることが良いとする意見を述べた（明治法制経済史研究所1984：41）。

　また、渡邊清委員も、住居を有している者であれば住民であり属民は不適当
で、第7条においても公権を有する者であれば公民であり住民は不適当である
とし、内閣の草案段階では第6条の属民は住民であったが、第7条に該当する
者を住民としたため、第6条の住民を属民としたとする意見を述べた（明治法
制経済史研究所1984：48-49）。その後の読会において、「住民」「公民」をそれぞれ
原案の「属民」「住民」に戻すべき等の意見もあったが、最終的に「住民」「公民」
の用語が正式に用いられることになった。

3.10　市制町村制

　1888（明治21）年1月末に元老院での審議終了後、地方長官からの実施上の
希望事項を聴き、閣議、元老院の再議などの波乱もあったが、同年4月25日付
で「市制町村制」が公布された。公布に際し、「市制町村制理由」が付されて、立
法趣旨の徹底が図られた。その前文においては、市町村を独立の法人と認め、
自治の原則をうたっている反面、地方自治制の狙いが、国家統治の基礎確立に
あることを明らかにしている（地方自治百年史編集委員会1992：329-331）。
　憲法制定、国会開設の前に市制町村制を施行した背景として、政府は、政党
の勢力が地方へ喰い込むことを予防し、確実な支配体制を地方に構築するた
めに、急いで地方制度＝地方「自治」制度を確立しなければならなかった。そ
こでの自治制は、決して住民の自治を保障するものではなく、中央集権的な官
僚行政を地方で確保することが第一の目的であった。あわせて、強大な中央の
監督、統制による地方行政機構を整えたうえで、明治維新以降中央に集めた数
多くの行政事務を、府県や市町村に分担させることが第二の目的であった（山
中1994：9-10）。この点を踏まえ、ここでは町村制について見ていく。
　第二款　町村住民及其権利義務　第6条で「凡町村内に住居を占むる者は
総て其町村の住民とす」（傍点筆者）「凡町村住民たる者は此法律に従ひ公共の
営造物並町村有財産を共有するの権利を有し及町村の負担を分任するの義務
を有するものとす但特に民法上の権利及義務を有する者あるときは此限に在

らず」とし、町村内に住居を占むる者を住民とし、町村の営造物や財産を共有する権利を有するとともに負担を分任することとされた。

　住居を住民の要件とする本制度において、市制町村制参考類編によれば、「市制町村制に於ては本籍寄留[11]の別なく凡市町村内に住居を占むるものは総て市町村の住民たるべし故に（中略）其身分の何たるを問はず皆是市町村の住民たる」として、本籍寄留の区別なく住居があれば身分を問はず住民であるとされた。また、「甲地に本籍を定めて住居し乙地に又一戸を構へて住居し（中略）常住と定め難き者甲乙両地に住居の実態あるに於ては則ち両地に在て住民権を有するものとす」として、住居の事実があれば複数の住民権を認めていた（古谷1889：7-8）。市制町村制釈義によれば、住民の意義について、「町村住民たる資格は事実上居住の有無に依り之を決すべく本籍者は寄留届は住民たる資格の得喪に関する必要条件にあらず　故に住所は一人一個に限るの規定なし（行政判決例）」として、住所は1つに限らないとする解釈があった（梶2011：37-38）。

　第7条では「凡帝国臣民にして公権を有する独立の男子二年以来（一）町村の住民となり、（二）其町村の負担を分任し及（三）其町村内に於て地租を納め若くは直接国税年額二円以上を納むる者は其町村の公民とす其公費を以て救助を受けたる後二年を経ざる者は此限に在らず但場合に依り町村会の議決を以て本条に定むる二箇年の制限を特免することを得」（傍点筆者）「此法律に於て独立と称する満二十五歳以上にして一戸を構へ且治産の禁を受けさる者を云ふ」とし、住民の中で一定の要件を満たす者を公民とし、公民であるためには①2年以来町村の住民となり其町村の負担を分任し、②その町村内において地租を納め、もしくは直接国税2円以上を納める者であり、③満25歳以上の帝国臣民で公権を有し一戸を構える男子であることの3つが要件となった。

　第8条では「凡町村公民は町村の選挙に参与し町村の名誉職に選挙せらるるの権利あり又其名誉職を担任するは町村公民の義務なりとす」とし、町村公

11　寄留制度は人民の居住動態を把握することで戸籍の管理機能を補完するものとして実施された。1914（大正3）年に寄留法が公布され、90日以上、本籍以外の一定の場所に居住の目的をもって定めたる住所または居所を有する者を寄留者とした。詳細については、「第4章　住民登録制度の歴史的考察」で記述する。

民は、町村の選挙に参与し、町村の名誉職に選挙される権利を有し、名誉職を担任することは公民の義務であるとされた。

　このように大きな特徴として、町村内に居住するものを住民と公民に分け、公民だけが町村政に参加する権利を有し、権利を有する者は同時に、法律に基づいて公務に関する義務があるとされた。

　市制町村制はモッセによってつくられ、モッセの指導にしたがう形で実施されたものといえる。そのモッセ自身が、市制町村制における自治とは、市町村自身の意思で市町村を治めるという意味ではなく、中央政府が指示することを市町村が自発的に実施することであると強調している。言い換えれば、市制町村制で定める「自治」は、実質的には「官治」そのものであった（竹下2018：224-225）。

　そのため、人民に課せられた義務を自発的に行使できる層に自治の担い手を限定することが必要であり、市制町村制では、納税額の要件に基づいて人民を「住民」と「公民」に区分し、公民だけに選挙権・被選挙権を与えた。「公民」すなわち不動産所有者、特に地主層の「地方の名望ある者」を、「名誉の為め無給」の名誉職として地方自治体の公職を担当させることとした。自治に参与する義務とは「公民」の義務であり、名誉職の義務不履行に対し罰則を課すことを制度化した。このように「住民」と「公民」を制度上区別し、「公民」の有産者又は名望家にのみ自治に参与できる特権を与えたのは、「市町村を以て、其の盛衰に利害関係を有せざる無産無知の小民に放置することを欲せざるが為め」（市制町村制理由）であった。それは、地租改正によって形成されてきた地主層を有利に扱うことによって、有産者、名望家の町村政に対する利益感情を喚起させ、体制の安定を図るためであった（高木1976：277-278）。正に、恒産恒心主義によるものである。

3.11　大日本帝国憲法

　大日本帝国憲法は、市制町村制公布の翌年1889（明治22）年2月11日に公

布され、11月29日から施行された。大日本帝国憲法は、天皇、臣民の権利義務、帝国議会、国務大臣及び枢密顧問、司法、会計、補則の7章76条からなり、その特色は、君主主権に基づく天皇制を中心とし、三権の統合に重点を置くもので、議会は一般国民を代表する衆議院と華族や多額納税者などを代表する貴族院の二院制を採用し、その権能は極めて狭いものであった。また、現行憲法のように参政権が国民の基本的人権として保障されておらず、衆議院議員選挙については「衆議院は選挙法の定むる所に依り公選せられたる議員を以て組織す」と規定しているのみで、選挙権その他は一切法律に委任された。地方公共団体の議員の選挙についても、憲法上の根拠はないものであった（二井 1978：57-58）。

3.12　市制町村制改正

　1888（明治21）年に制定された市制町村制は、その後若干の改正が行われたのち、1911（明治44）年に新市制・町村制の制定によって廃止された。日清、日露両戦争の遂行及び戦後における国政事務の拡大とその執行態勢の整備の要請として、制度的にも実体的にもその担い手である市町村の行政能力の強化を必要とされた背景があったが、改正の真の狙いは、市町村の執行機関の主体を改め、同時にその権限を拡大強化し、行政機構の能率を高めるとともに、市町村自治の範囲を限定し、地方の末端行政に対して中央の統制を浸透せしめることにあった（地方自治百年史編集委員会1992：401-402）。

　この改正では、住民の定義が大きく変わった。第二款　町村住民及其の権利義務　第6条において「町村内に住所を有する者は其の町村住民とす」(傍点筆者)とし、旧法においては（市）町村内に「住居を占むる者」をすべて住民としていたが、新法では（市）町村内に「住所を有する者」をもって住民とした。また、住居と住所の区別については、「単に文字の意義より見れば、区別し難き場合なきにあらざれども、住所とは民法に規定して、生活の本拠を住所とすとあれば、此の意義に従ふを相当とすべし。住居とは必ずしも生活の本拠のみな

らず、生活の場として設けたる総てを含むを以て、住居の意義は住所の意義より広しというべし」(市町村雑誌社2011：10-11)とした。

　住居と住所それぞれ複数持ち得るかについては、市制町村制改正法律案要領における住民の要件として「現行法に於ては住居を以て市町村住民の要件と為せるも住居は固より生活の本拠を云ふにあらざるを以て一人にして二箇所以上の住居を有する場合なきにあらず然れども住民たるものは実に団体存立の要素にして其の市町村に対し財産営造物を共用するの権利を有し且負担を分任するの義務を負ふ等其の関係最重大なるを以て之が要件として其の市町村に生活の本拠を有するを以て適当と為す是を以て改正案に於ては府県制の規定を参酌し民法に所謂住所を以て其の要件と為さんとす[12]」として、住居は生活の本拠ではないため1人2箇所以上の住居を有する場合があるが、住民は、市町村の要素で財産営造物を共用する権利と負担を分任する義務を有し、町村との関係が重大であり、市町村に生活の本拠を有することが適当であり、民法の住所を要件としたと述べている。改正市制町村制釈義においても「市町村内に住所を有する者は市町村住民たり。本人の意思如何に拘らず、其の住所を有するの事実に依り、当然に其の市町村住民として、法が住民の任務と定めたるものを負担するの義務を負ふ。(中略)住所とは民法に所謂各人の生活の本拠の義なり。即吾人が社会の一員として活動するに当り、其の活動の中心点たるべき場所の謂なり。而して人の活動の中心点は一時に一箇所以上存し得へからざるを以て、住所は一ありて二なし。従つて特定人の住所は、全国市町村中唯一市町村に存して二以上の市町村に併存することなく、吾人は全国市町村中の唯一市町村の住民たるを得へしと雖とも、同時に二市町村以上の住民たること能はざるなり」(中川・宮内・阿部・立花1911：78)として、旧法においては住居が住民の要件であり、数個の居住地を有することがありそれぞれ複数の市町村の住民であることが可能であったが、新法においては生活の本拠たる住所が住民の要件となり、それは全国市町村中唯一のものであり、同

12　東京市制専門図書館蔵　1909（明治42）年3月5日印刷「市制町村制改正法律案理由要領」

時に2以上の市町村住民になることはできないとされた。他方で、町村制問答によれば、「甲乙孰れも同様生活の本拠なるときは二カ所に住所を有すべし。要は事実の如何による決すべきのみ」(市町村雑誌社2011：11)としており、住所単数制が必ずしも統一されたものではないことが確認できる。

4．日本国憲法の制定と地方自治

4.1　日本國憲法における地方自治

　市制町村制については、その後もいくつかの改正が行われるが、住民に関連するものとしては、戦後の日本国憲法と地方自治法の制定まで待つことになる。
　日本国憲法は、ポツダム宣言の要求条件の受諾およびその実行として制定された。ポツダム宣言は、太平洋戦争が終ろうとしていた1945（昭和20）年7月26日、ドイツのポツダムで発せられたものであり、発出の主体は米英中3国である。同宣言は第1に日本に対する戦争終結、つまり降伏の呼びかけであり、第2に連合国の日本に対する要求条件を示すものである。その柱となるのが基本的人権、国民主権及び平和主義であった（庄司2017：12-13）。ポツダム宣言は国家の根本的改造、法的には憲法の根本的改革をもたらそうとするものであった。しかし、日本側において同宣言に対する読み取りが浅く、理解に欠けていた。総司令部の指示により憲法改正を検討する中で日本政府の案である松本案は、依然として天皇主権であり、基本的人権としての国民の権利は含まず、平和に関しても何ら言及していなかったため、ポツダム宣言の要求に到底かなうものではなかった（庄司2017：127）。そこで、総司令部が自ら案をつくることとした。総司令部案において構想された統治機構としては、第1に責任ある政府であること、言い換えれば国民主権であること、第2に三権分立であること、第3にイギリス型の議院内閣制であること、第4に司法権、特に違憲立法審査会に関してはアメ

リカ型であることであった。その中で地方自治に関しては現行の憲法より強い
ものにしようとしたが、日本政府の原案には地方自治の発想がなかった（庄司
2017：174-176）。憲法案の制定過程での地方自治の変遷から、日本政府における
「住民」の認識が確認できる（杉原・大津・白藤・竹森・廣田2003：40-44）。

　総司令部案における第8章地方政治第87条では

CHAPTER　Ⅷ　Local Government
　　　Article LXXXⅦ.The inhabitants of metropolitan areas, cities and towns
shall be secure in their right to manage their property, affairs and government
and to frame their own charters within such laws as the Diet may enact.

〔外務省訳〕
　第8章　地方政治
　　第87条　首都地方、市及町の住民は彼等の財産、事務及政治を処理し並
に国会の制定する法律の範囲内に於て彼等自身の憲章を作成する権利を奪
はるること無かるべし。（傍点筆者）

となっていた。これが3月2日案では、
　第8章　地方自治
　　第103条　地方公共団体の住民は自治の権能を有し、法律の範囲内に於
て条例及規則を制定することを得。（傍点筆者）

となり、3月5日案では、
　第8章　地方自治
　　第90条　地方公共団体は其の財産を管理し事務を処理し及行政を執行
するの権能を有し、且法律の範囲内に於て条例を制定することを得。（傍点筆
者）

と、主語が「住民」から「地方公共団体」に置き換わった。その後、憲法改正草案要綱（3月6日）では、

第8　地方自治

　第90　地方公共団体は其の財産を管理し、行政を執行し及事務を処理するの権能を有し、且法律の範囲内に於て条例を制定することを得べきこと。(傍点筆者)

憲法改正草案（4月13日案)では、

第8章　地方自治

　第90条　地方公共団体は、その財産を管理し、事務を処理し、及び行政を執行する権能を有し、法律の範囲内で条例を制定することができる。(傍点筆者)

となり、最終的に現行の日本国憲法においては、

第8章　地方自治

　第94条　地方公共団体は、その財産を管理し、事務を処理し、及び行政を執行する権能を有し、法律の範囲内で条例を制定することができる。(傍点筆者)

となった。総司令部案及び3月2日案までは主語が「住民」であったが、3月5日案以降は「地方公共団体」に置き換わり、現行憲法も同様である。主権者である住民が「その財産を管理し、事務を処理し、及び行政を執行する権能を有し、法律の範囲内で条例を制定することができる」のではなく、これまでの官治体制を維持したうえで、あくまで地方公共団体を介して住民に権利を与えようとする日本政府の意図が確認できる[13]。

13　今井照は、憲法第92条との関連からマッカーサー草案の主語がinhabitans (住民)であったとし、日本側がそのことを曖昧にしようとしたことについて、内務省体質の見え隠れすると指摘している（今井2017a：206)。また、廣瀬克哉は、筆者がパネリストとして参加した第32回自治体学会青

4.2　地方自治法の制定

　地方自治法は、1947（昭和22）年に日本国憲法と同時に施行された。地方自治法第10条では「市町村の区域内に住所を有する者は、当該市町村及びこれを包括する都道府県の住民とする」「住民は、法律の定めるところにより、その属する普通地方公共団体の役務の提供をひとしく受ける権利を有し、その負担を分任する義務を負う」として、住民の定義と権利義務が規定された。大日本帝国憲法から日本国憲法への転換に伴い、地方自治制度上の住民は、国家内の公法人たる市町村や都道府県の単なる人的構成要素、地方行政の客体としての地位から、自治権の主体たる地位に転換されたが、地方自治法の規定のなかに明示されず、旧制度下のものをそのまま継承したに過ぎなかった（佐藤2002：250）。地方の末端行政に対して、国家出先機関として中央の統制を浸透させるための1911年の改正による住民の定義が、そのまま現在まで引き継がれることになる。

　他方、旧制度化での選挙権・被選挙権が住民の中から一定の資格要件を備えた「公民」だけに付与された公民制度は、1946（昭和21）年の市制町村制の改正で全廃された。住民の選挙権については、地方自治法第11条において「日本国民たる普通地方公共団体の住民は、この法律の定めるところにより、その属する普通地方公共団体の選挙に参与する権利を有する」とされた。

森大会分科会5「だれもが「住民」として守られるために〜避難者・困窮者の現場から」において、「憲法のマッカーサー案で地方自治の条文の主語は住民「inhabitant」であり、住民が自治体を作って自分たちの共同事務を実施する権利が保障されるというものだった。自治体政府を自分たちが作ったから口を出せるオーナーが住民なのであり、サービスの客体として住民を捉えるだけでよいのかも考える必要がある。」と指摘している（自治体学会『自治体学vol.32-1』2018：17）。

5. 地方自治制度の歴史的経過と住民概念

　これまで見てきた経過を踏まえ、住民概念の変遷において注目すべきポイントは、以下の6点に整理できる。

　1点目は、強力な中央集権国家を構想した明治政府によって、全国民を把握するために戸籍制度が採り入れられ、居住地編製主義（＝属地主義）により、「土地」と密接に関連した「居住」（あるいは「住居」）が住民（人の把握）の要件となったことである。その前提となるのは、当時の住民（百姓）における、土地に対する特別な意識であり、その後、恒産恒心主義による天皇への忠誠へとつながっていく。住民の要件としての「居住」がここから始まる。

　2点目としては、三新法の制定時の郡町村を復活させる際に、町村の自治を認め、純然たる自治体とする構想が、地方官会議や元老院の審議の過程でことごとく否定され、結果として、府県の下部機関としての「行政区画」に位置づけられたことである。このことにより、町村の住民は、府県や町村を通して中央政府に治められる（支配される）存在になっていくのである。

　3点目は、明治地方制度構築にあたって重要な役割を果たしたモッセの地方自治観である。モッセは、地方自治の重要性を唱えながら、あくまで国政の基礎としての位置づけであった。自治を認める一方で、国の監督権の強化が肝要であるとされた。そして、権利を有する者は当然に義務を負担すべきとの考え方から、名誉職制度を地方自治制度の本質的要件とした。限られた人員が地方自治の経験を積むことで国政への理解を深めることになり、結果として国家の安定へつながるとしたのである。

　4点目は、市町村に居住する者について「人民」「官民」「町村民」「属民」「住民」といった用語が検討される中で、最終的に市制町村制（1888）により「住民」が定義されたことである。そして、その中でも権利義務を有する者は一定の資

格要件が必要であり、「公民」として「住民」と明確に区別された。居住者の用語の変遷を通して共通することは、これらの概念は治める側からの捉え方に過ぎないことである。住民は徴兵や税を負担する対象に過ぎず、町村の自治に参加できる特権を有するのは公民、すなわち天皇に忠誠を誓う有産者や名望家に限られた。自治に参加する権利は、あくまで国家から与えられるものであることが、明治期から続く地方自治制度であった。

　5点目は、市制町村制の1911（明治44）年改正の中で、民法の規定による「住所」が用いられ、住所を有する者を住民としたことである。それまでの要件であった「住居」では、同時に2カ所以上の市町村に有する場合があり、同時に複数の住民であることが可能であった。それが、生活の本拠としての住所概念に変わり、全国市町村中唯一のものとして、同時に2以上の市町村住民になることができないとされた。その目的は、住民をいずれか1つの市町村に属させることにより、行政機構の能率を高め、中央の統制を強化することにあった。

　6点目は、国民主権と地方自治が明確に規定された日本国憲法制定後も、公民制度は廃止されたものの、住民に関しては旧制度が継承されたことである。憲法に規定された国民主権と基本的人権の尊重を具現化するための地方自治において、財産を管理し、事務を処理し、行政を執行し、条例（総司令部案では「憲章」）を制定する権利は、「住民」でなく、あくまで「地方公共団体」が有するものであり、住民はその構成員に過ぎなかったのである。

　戦後改革によって、地方自治は「官の監督」から解放され、制度上は自主自立の地方自治体に転換された。しかし、官治の機構を支えていた体系そのものは、自治の体系に変革されなかった。現在の地方自治体は「分権による集権」という形で、中央政府から複雑かつ多元的拘束を受けており、現行地方制度は明治地方制度と連続している（高木1976：302）。天皇主権から国民主権へタテマエの変化にもかかわらず、国家主権は戦前から戦後にかけて継承している（松下1991：41）。明治地方制度から続く統治の対象としての住民概念は、その根底では現在においても何ら変化していないのである。

6. 小括

　本章では、地方自治制度の制定過程から、統治の対象としての住民概念がどのように形成されてきたかを明らかにした。集権的な国家統治を完成させるため、支配の単位を村や町から個人へと変化させた明治政府にとっての住民とは、国の行政区画として位置づけられた府県や市町村という枠組みを使って統治（支配）するための対象に過ぎなかった。戦後、日本国憲法が制定され、天皇主権から国民主権に転換が図られた後も、その根本的な点で大きく変わっていない。

　次章では、統治の対象として位置づけられた住民について、住民の権利義務と直接的に結びつく住民登録制度の歴史的過程を分析することにより、住民に関連する各種制度が、住民生活における実態からの制度設計ではなく、明治地方制度から続く、中央集権の強化と効率的な行政執行を目的とした制度にほかならないことを明らかにしていく。

第4章　住民登録制度の歴史的考察

　本章では、人を把握する仕組みとしての住民登録制度に焦点を当て、その歴史的経過を検証することにより、住民概念の変遷を考察するものである。国家や自治体にとって、その構成員たる人（国民、住民）の把握は最も基本的なことである。これまで、人を把握するための制度として、様々な工夫がなされてきた。他方で、現代の行政サービスが専門化・高度化する中で、人の把握は各種行政サービス等の基礎資料として位置付けられ、その効率性に重点が置かれた。その経過において、現在の住民概念がいかに構築されたのか。本章を通して検証していく。

1．戸籍法

1.1　住民把握の歴史

　人間社会は、いずれの社会、国家においても、その社会秩序の維持のために、その社会構成員である人の把握が必要であり、日本においても同じく、人を把握する仕組みとして戸籍制度が発展、整備されてきた（高妻1999：48）。
　日本書紀によれば、古代において、「崇神天皇一二年詔書」が発布され、「人民を校へて、長幼の次第、及び課役を先後を知らしむべし」（坂本・家永・井上・大野1994：296）との記述があることから、これが戸籍制度の起源とされる。646（大化2）年に、課税、賦役、徴兵及び受田の対象者の把握と浮浪者の

取り締まりを目的として「正月改新詔書」が公布され、その中で「初めて戸籍
計帳班田収受の法をつくる」とされた。律令制国家の根幹となったのが、670
（天智9)年発布された庚午年籍により国ごとに編成されていった戸籍と計帳
である。690（持統4)年の庚寅年籍、702（大宝2)年の大宝律令と続き、717（養
老元)年の養老律令制定により、6年1造籍が漸次整備されることになった。
これら古代の戸籍は、課役のための人口台帳を本質的機能とし、身分識別や浮
浪、盗賊を防止するという治安維持の目的もあわせ持つものであった（遠藤正
敬2013：107-109, 高妻1999：48-49)。

　武家時代に入って6年ごとの造籍は奨励されなくなったが、大名や領主に
とっては、農民の軍事的動員や土木、築城等のために人員を把握する必要が
あった。特に江戸時代に入って幕藩体制の整備により、戸口調査的な人数調査
が行われた。幕藩体制で戸籍制度に相当するものは「宗門人別帳」であった。
全国的にキリシタンの摘発に乗り出した徳川幕府は、主に農村においてその
徹底を図るため「寺請制度」を設け、各人に檀那寺による証明を受けることを
義務付けた。これが「宗門改」である。宗門改の実施の基盤となったのが、村
ごとに作製された「人別帳」であった。「人別帳」は、家屋ごとに居住する人員
について、各戸の石高、家屋敷の構造・数・馬頭数等の他、世帯全員の名・男女
別・年齢等の構成員を戸口調査により登録したものである。キリシタンの禁圧
を目的とした「宗門改」と、領民に対する年貢・夫役等の賦課を目的とした人
口調査である「人別改」は、本来の目的はそれぞれ別のものであったが、禁教
政策が一段落した18世紀前半以降になると、その両方が結合した「宗門人別
帳」又は「宗門人別改帳」が一般的な形として各地で実施されることになった。
また、農村では治安維持、年貢徴収、キリシタン検索を目的とした相互監視に
よる連帯責任制度として「五人組」が創設され、「五人組人別帳」が作製されて
いたが、次第に宗門人別帳に統合されていった（遠藤正敬2013：110-111, 高妻
1999：49-50)。

　宗教調査と人口調査を役割の中心とする宗門人別帳は、治安維持を主とし
ていた点では古代戸籍と共通していたが、人別帳はすべての身分や階層を対

象とする包括的な居住登録ではなかった。また、江戸時代後期になると飢饉の
発生や出稼ぎの増加によって農村～都市間の人口移動が顕著になり、人別帳
は農村からの流入を防ぎ、元の居住地に送り返すための根拠資料とされた。し
かしながら、本来の目的である人の居住関係の把握という役割は、不徹底とな
らざるを得なかった（遠藤正敬2013：111-112）。

1.2　1871（明治4）年戸籍法（壬申戸籍）

　新しい中央集権国家の成立をめざす明治政府にとって、従来の身分階級を廃止
して、天皇のもとに、全国人民を「臣民」として直接的に把握することが必要とさ
れた。そのためには、廃藩置県と並んで戸籍制度の確立が必須であった。全国民の
統一的な戸籍制度が発足する前提として、まず身分階層の改称が行われた。版籍
奉還に続き、公卿諸侯の称を華族と改め、諸侯の家臣を士族と称し、農・工・商は
平民と呼ばれるようになった。1871（明治4）年4月4日、「府藩県一般戸籍の法」
が公布され、翌年2月1日から施行された。1872（明治5）年の干支は壬申であっ
たので、一般に「壬申戸籍」と呼ばれる（地方自治百年史編集委員会1992：196）。
　その内容は、以下の3点に大別できる（地方自治百年史編集委員会1992：197）。
　①　従来の族属別（身分別）戸籍から住居の地域別編成とした。
　②　四民同一の原則により編成した。ただし、身分的な差別が全くなくなっ
　　　た訳ではなく、華族、士族、平民等の呼称は、戸籍に記載されていた。
　③　戸籍事務を取り扱うために、全国の各地域を区に分け、区に戸長、副戸
　　　長を置き、戸籍の事務に掌らせた。

　戸籍の編製は、住所別を基準に現実の家族・親族集団を「戸」とし、戸主に対
して家族の統制権を与えた。戸主に対して生死婚姻等の届出義務を課し、「戸
主～戸長～府県～中央政府」の順に統合集中され、国が戸籍を直轄した。戸籍
は、主として徴兵、徴税、治安警察等の用に供され、全国民を把握する国家の基
本帳簿であった（井戸田1993：5-6）。

　その前文においては、法の趣旨が示されており、全国の人民を保護すること
は国政の本務であり、その前提として、戸籍人員を明らかにして正確に把握す
ることが政務も最も重要なことであるとしたうえで、人民は戸籍への登載に
よってはじめて「国民」として把握されるものであり、戸籍から漏れる者は「国
民の外」として、国家の保護を受けることが出来ないとされた。

　壬申戸籍の特徴として、以下の2点があげられる。1点目は個人を戸籍に画
一的に編入し、これにより天皇に従属する「臣民」の下に凝集することと「四
民平等」を具現としたことである。しかしながら、戸籍簿には「元穢多」や「新
平民」の記載が残されており、実質的に「四民平等」が実現されたわけではな
かった。このような封建的身分差別の因習を温存することは、人民の統治に都
合がよかったのである。2点目としては、居住地主義による国民の定義であ
る。人民は天皇の治める領土に帰属することによって等しく「臣民」たりうる
のであり、これを公証するのが戸籍であった。壬申戸籍は、脱籍浮浪の取締り
や江戸への人口移動の規制といった治安警察的な目的が主眼であったが、「日
本人」の秩序化という、より高度な政治的目的への転換を示すものであり、個
人を国家に従属的な「臣民」という地位に位置づけるものであった（遠藤正敬
2013：122-125）。そして、明治政府にとって統治の必要上生み出された戸籍法
を契機として、全国に対して統一的な行政を展開していくことになる。

　壬申戸籍は、すべての国民を戸籍のなかに収めることを目標として、「住居
の地」において戸籍を登録する居住地主義をとった。すべての国民について
「家」を単位として、掌握しようとしたのである。戸籍の基本的な役割は、国民
を個人として掌握し特定することであり、そのための手段として、個人の「居
住地」（現住所）と「家・氏」（家族名と名前）を利用した。しかし、居住地主義で描
き出された戸籍における「家」と「現実の家」とではズレが生じており、国民
の現状を正確に描き出すことはできなかった。その背景にあるのは、国民の流
動性であった（森2014：239-240）。以降、「移動する住民（国民）」をいかに把握
するかが、戸籍制度を起源とする住民登録制度の根本的な課題となった。壬申
戸籍は、全ての国民を把握するという役割を担いながらも、戸主による届出の

不徹底や当初から多数の調査漏れがあり、現実的にはその役割を果たすことはできなかった。

　また、国民の流動性を踏まえると、居住地主義だけでは移動する国民を捉えることは困難である。脱籍者に対する明治政府の原則的な処置は本貫（本籍・出身地・出生地）に帰すことであった。他方で、移動する国民を居住地所主義だけで捉えることが出来ないことから、従来の「厄介[1]（dependant）」に加えて、「寄留（temporary residence）」という新しい制度が誕生することになる。「寄留」は「本貫（本籍）」があることを前提とした概念であった（森2014：239）。

1.3　1886（明治19）年戸籍法

　1886（明治19）年9月に内務省令第19号「戸籍法中出生死去出入及寄留等届出方」、同年10月に内務省令第22号「戸籍取扱手続」と内務省訓令20号「戸籍登記書式」が公布施行された。これにより、戸主が身分行為登記の届出義務者とされ、戸主届出義務が法文上明確になった。また、戸籍は屋敷番号によらず地番により編成された。このことにより家屋との関係がなくなったので「戸」を構えていない者も戸籍を持つことが可能となった。しかしながら、人の移動が盛んになるにつれ、現実の居住実態と戸籍上の記載が一致せず、その不具合を是正するため、寄留制度が明確に位置付けられた（井戸田1993：8-9）。

　内務省令第19号及び第22号において、本籍を中心として、出寄留者と入寄留者を各別に把握し、出寄留簿と入寄留簿によって記録することが明確に規定された。第19号において、寄留届等に10日以内の届出期間と制裁規定が設けられ、寄留の詳細については、第22号第20条から第24条に規定された。具体的には、「他府県又は他郡区より寄留したるの届出あるときは入寄留簿に登記する（第20条）」「寄留地を去りたるの届出あるときは朱にて記入し其入寄留

1「厄介」は、明治4年戸籍法では「附籍」として規定された（森2014：239）。附籍とは、ある戸籍が他の戸籍に付属すること。また、その戸籍のことであり、血縁関係にない者でも、「養育されるものはその養育する者の戸籍に入れる」という制度で、まったくの他人でも同一戸籍に入ることができた。

人名に朱線を施す（第22条）」「他府県又は他郡区へ寄留したるの届出到達したるときは出寄留簿に列記すべし（第23条）」「出寄留者復帰したるの届出ある時は朱にて記入し其人名に朱線を施すべし（第24条）」というように細部にわたって定められた。これらの出寄留簿及び入寄留簿は、現在における「戸籍の附票」と同じ役割を果たすものである。

1.4　1898（明治31）年戸籍法

1898（明治31）の明治民法制定に伴って「戸籍法」「戸籍法取扱手続」が新しく改正された。戸籍は、明治民法の立法精神である家族主義を前提とし、「家」を枠組みとした国家の登録簿となった。家族主義を主、個人主義を従とする明治民法を踏まえ、国民がいずれかの「家」に属することを前提に、戸籍は「家」を単位に編成し、出生から死亡までの婚姻、離婚、養子縁組等の身分登録簿の役割を果たした。戸籍には、個人の身分登録簿と家制度を具現化する戸籍簿としての2つの役割が設けられた（井戸田1993：15-16）。他方で、寄留制度の条項はそのまま残ることとなった。

明治31年戸籍法の特徴として、以下の4点があげられる（森2014：241）。

① 戸主届出に基づいて、家族の身分変動を戸籍に記載することを求めた。

② 戸籍行政の政府内の管轄が、内務省から司法省に移った。これは、これまでの戸籍が徴兵、徴税、治安警察等を目的とされていたのに対し、司法的な身分登録簿に位置づけられた結果である。

③ 家族の身分変動は、まずは身分登録簿に登録し、その身分登録簿に基づいて戸籍にその異動を記載するシステムをつくった。

④ 「本籍」という概念を本格的に導入し、本籍主義によって戸籍の編成を行った。本籍は戸主が定める日本国内いずれかの場所であり、戸主と家族の住所である家の所在地とされたが、それは民法上の住所である必要はなく、誰もがどこにでも本籍をおくことができた。これにより、戸籍における「家」と「現実の家」とのズレがますます拡大することとなった。

1.5　戸籍制度のその後の展開

　明治31年戸籍法は、個人ごとの身分事項を身分登録簿に記載し、その後、戸籍簿に記載する制度であったが、戸籍法の施行後、種々の問題点が指摘されるようになった。主なものとしては、①身分登録簿と戸籍簿の2つの役割を担うため、事務が煩雑で保管も過重となったこと、②身分登録簿があまり利用されない状況にあり「徒らに労多くして、其効少なし」「世界無用の長物」と批判されたこと、である。議論の末、1914（大正3）年3月31日戸籍法が公布され、翌年4月1日から施行された。これが大正3年戸籍法であり、身分登録簿を廃止して、戸籍簿のみとした。身分登録簿を廃止する一方で、戸籍の記載事項をより詳細にしたものであり、実質的には身分登録簿と戸籍簿を一体化したものであった。しかしながら、身分登録簿と戸籍簿の単なる合体ではなく、この戸籍制度は家が単位であり、各個人はその家の構成員として登録された（井戸田1993：22-24）。これにより戸籍制度から個人主義的要素が一掃され、戸籍法は家制度を支柱とする身分法体系として純化された（遠藤正敬2013：148）。他方で、戸籍法から独立する形で寄留法が公布され、住民登録制度の原型が法的に形づくられる。

　戦後、1947（昭和22）年の民法改正に伴い、戸籍制度も全面的に改められた。民法改正により「家」制度が廃止され、戸籍法における編成単位は、「家」から「一の夫婦及びこれと氏を同じくする子ども」とされた。しかしながら、新民法では、夫婦は夫または妻の氏を称すると定め、新戸籍法においても、夫婦とその非婚の子は同一の氏でなければならないとされた。家制度を廃止したはずの戦後民法であるが、家制度の象徴であった氏を、戦後も「家族」の構成原理として残置したのである（遠藤正敬2019：13）[2]。

2　本書では、住民登録制度に焦点をあて、その原型としての戸籍制度に着目したものであるため、現在の戸籍法のもつ課題については触れない。現在の戸籍法においても家制度が残滓しており、戸籍制度が多くの人々を差別し格差を拡げ不幸を作り出している（武藤2019：5）。戸籍制度のもつ課題については、稲垣陽子（2018）『ひとり戸籍の幼児問題とマイノリティの人権に関する研究』公人の友社、井戸まさえ（2016）『無戸籍の日本人』集英社　に詳しい。

　壬申戸籍は、幕末からの政治変動の過程で帰属意識の多元化しつつあった民衆を、天皇の下に「臣民」として平準化し、併せて封建的身分秩序を解体して、政治と情緒の両面で国民の統合を図るものであった。その後、明治民法によって確立された家制度の根幹となり、国民は必ずいずれか1つの家（＝戸籍）に属するものとされた。戸籍制度における「一家一籍」という原則は、国家権力による効率的な国民管理と監視という目的を第一義とするものであり、現実に生活する国民の利便や要求に配慮するものではなかった。「一家一籍」の原則においては、本籍を2つ以上もつことがないのも当然とされた。そして、戸籍の秩序において個人は家の一員でしかなく、自律的な「市民」であるよりも忠良なる「臣民」として位置づけられたのである（遠藤正敬2013：31,196,298,304）。

　戸籍は地租改正、徴兵令、学制と続く中央集権国家の樹立と富国強兵政策において、その根本となる人的資源を把握する基礎資料となるべきものであったが、地縁的結合と職業世襲から個人が解放され、国家制度と産業の近代化が深化する中で人口移動は激しくなり、戸籍と住民の居住実態の乖離が著しくなった（遠藤美奈2013：130）。戸籍制度は、人の自由な移動と家族の多様化による社会変動に順応しきれず、国民（住民）管理装置として機能できなくなっていく。戸籍制度により住民の居住実態を把握するという任務を断念し、この任務を寄留制度にゆずることになる。ここから、戸籍と住民登録という世界的にも珍しい2種類の住民管理制度が構築されることになるのである。

2. 寄留法

2.1　寄留とは？

「寄留制度」は、人民の居住動態を把握することで、戸籍の管理機能を補完す

るものとして、1886（明治19）年に制度化された。「寄留」とは、本籍以外の地に
一定期間住居を有することを意味する。1914（大正3）年3月の戸籍法改正に
あわせ、身分登録制度が廃止されるとともに、本籍と住所の不一致に対処する
べく寄留法が公布された。寄留法第1条では「九十日以上本籍外に於て一定の
場所に住所又は居所を有する者は之を寄留者とす。本籍なき者、本籍分明なら
ざる者及日本の国籍を有せざる者にして九十日以上一定の場所に居住するも
のも亦同じ。寄留に関する事項は届出に因り又は職権を以て之を寄留簿に記載
することを要す」、第2条では「寄留に関する事務は市町村長之を管掌す」とし
て寄留者の定義と寄留に関する事務が市町村長にあることを明らかにした。

　衆議院における寄留法案の説明では「寄留法案に付きましては（中略）明治
四年の寄留法（原文ママ）中に少しく規定がありまして、其後追々年を逐うて断
片的に法律が発布せられて、幾つかの法律規則になって居るのであります。それ
を今回は寄留法と云う一つの法律を作りまして茲に纏めることに致しました。
而して本法は案の骨子たるべきところ九十日以上一定の場所に居住する者を寄
留者と称し、寄留届をなさしむることにしたのであります[3]」として、90日以上
一定の場所に居住する者を寄留者として捉え、寄留届の提出を義務づけた。

　寄留法規詳説（柳沢1915：1-8）によれば、寄留者であるための3つの条件と
して、

① 　一定の場所に住所又は居所を有すること

② 　其住所又は居所に九十日以上居住すること

③ 　居住する場所が本籍に非ざること

を具備することとされた。

　「住所」については、民法にいう「各人の生活の本拠」を以て住所とするとし、
生活の本拠とは、人が生活を為すべき中心たる一定の場所であって、生計を営
む事実と一定の場所をもって生活の中心点と為すべき意思があることの2要
素が必要であるとされた。

---

3 1914（大正3）年3月14日第31回衆議院戸籍法改正法律案外三件委員会議録（速記）第六回　司
　法省法務局長法学博士鈴木喜三郎政府委員の発言

　「居所」については、「生活の本拠に非ずして現に生活を営める場所」であり、居所であるためには、生活の本拠でない一定の場所に現在し、生計を営むことを必要とし、これを居所とする意思があることを必要とする。

　一定の場所に生計を営む場合、そこが「住所」か「居所」かは、本人の意思によって定めるとされた。しかしながら、生活の本拠と認められる場合は、自らが居所であると称しても住所とされ、市町村住民としての義務を負担しなければならない。

　本籍外の一定の場所に 90 日以上居住する場合、その場所を住所又は居所とする意思の発表をしなくても、一定の場所に居住する事実があれば寄留とみなされるとともに、90 日に達していなくても 90 日以上居住する意思がある場合は、90 日以上居住する事実がなくても寄留とみなされる。そして、寄留の届出は、その住所又は居所を定めた日から 14 日以内に為すべきものとされた。

　また、寄留者は本籍外に居住する者であるが、本籍が分からない者あるいは日本に本籍がない者が本籍外に居住する場合は寄留者となることがあるとし、外国人又は日本国籍を喪失した者等は、前記の①②の要件を具備する場合、寄留者として取り扱うとされた。本籍地に居住するものは、当然に寄留簿には登載されない。

2.2　寄留の区別と態様

　寄留法規詳説（柳沢 1915：8-17）によれば、寄留は本籍以外の住所又は居所に居住することであり、これを踏まえて「住所寄留」と「居所寄留」に区別される。また、居所寄留の一形態として「住所外寄留」が寄留手続令に規定されており、「住所地外寄留」も規定された。

　「住所寄留」とは、その名のとおり寄留者の寄留所が住所の場合であり、「居所寄留」とは、寄留者の寄留所が「居所」の場合である。寄留所を「住所」とするか「居所」とするかは、前述のとおり、原則として寄留者の意思によって定まる。

　「住所外寄留」とは、居所寄留の一種であって、住所寄留を為す者が他に90日以上寄留を為す必要がある場合、そのたびに住所寄留を廃止することは不便であるため、この場合に限り重複寄留を認め、住所寄留を廃止せずに他に居所寄留を認めるものである。しかしながら、2か所以上の住所寄留を認めるものではない。また、寄留法上、1つの居所を定めた者が他の居所を定めることはできず、その場合は退去者となるべきであり、居所の重複寄留も認めていない。重複寄留は、住所寄留を為し、かつ住所外寄留を為す場合に限定している。

　また、寄留の場所又は寄留所という場合は、寄留者が居住する一定の場所を指すものであり、例えば、○○町○○字○○番地をいう。寄留地という場合は、寄留の場所又は寄留所のある市町村を指す。これを踏まえ「住所地外寄留」と「住所外寄留」を区別し、住所地外寄留とは住所地（市町村）外に寄留することであり、住所外寄留とは住所（○○番地）外に寄留することをいう。住所地内に住所外寄留を定めることを封じ、住所地外に住所外寄留を定める場合とを区別するために「住所地外寄留」を定義したものである。

　市制町村制においては、住所を有することが公民権の要件となっていた。居所寄留を為す者が、いかに長期間に渡り一定の場所に居住しても公民権を有することにはならない。住所を有するものでなければ公民権を有することにはならないが、自らが居所寄留と判断しても、その場所が生活の本拠と認められる場合は住所寄留となり、公民権の要件となる。

　寄留の態様としては、「世帯寄留」と「同居寄留」が定義された。世帯とは生業を為し又は生計を営むことであり、「世帯寄留」は世帯主たる1つの主宰者を有して同一の生計のもとに同一の家屋に生活を営むことをいう。戸主は寄留に関しては世帯主と称する。

　「同居寄留」とは、数人が同一の建物内に寄留することをいい、「第一類」と「第二類」に分かれる。「第一類」は数人が単に同一の家屋内に同居するが全体を統率若しくは管理する者がない場合をいう。「第二類」とは、同一の家屋に居住するがその場屋を管理する者がある場合をいう。具体的には学校の寄宿舎、下宿屋、工場の寄宿所などのことである。

　寄留簿への記載方法としては、前述のとおり、寄留には「住所寄留」と「居所寄留」があり、この二種の寄留はその性質及び取扱いを異にするものであるため、各別の帳簿に記載することとし、「住所寄留簿」と「居所寄留簿」を設けた。そして、住民からの届出を基本とし、職権により寄留簿に記載することもできるとされた。また、寄留者の本籍地の市町村長は、その者の戸籍に用紙（寄留手続令第11条）を添付し、これに寄留者の氏名、寄留の場所及び年月日並びに寄留の場所が住所であるか、居所であるかを記載しておかなければならない。寄留者の本籍地においても寄留の事実を明らかにしておく必要があるからである。しかし、この用紙に居所を記載する必要があるのは、寄留者が本籍より直接に居所寄留をした場合に限り、本籍外に住所寄留をする者がその住所寄留地より更に居所寄留地、すなわち住所外寄留をした場合は、その居所は第11条の用紙に記載する必要はないとされた（中川1938：89-91）。

2.3　寄留法とその後の展開

　寄留簿は、「住所、氏名、本籍、生年月日」が記載されていたため、戸籍の代わりに使用されたが、本籍地に住む者は寄留簿の対象とされなかったため、人口の把握ができないという根本的な欠陥があった（岩田2012：61）。また、寄留届の不徹底や市町村の寄留事務が必ずしも法令の規定どおりに行われていなかったことなどから、寄留制度本来の使命を果たすことができなかった（東京都市町村戸籍住民基本台帳事務協議会・住民基本台帳事務手引書作成委員会2005：6）。

　寄留制度は、居住関係の変動を把握することが主な目的であったが、住所及び居所双方を把握し、かつ寄留事務と戸籍事務とを相互に連絡させる制度枠組みのため、両事務は煩雑化した。寄留簿は、印鑑証明、学齢児童の就学に係る事務や徴兵事務に用いられてはいたものの、住民の居住実態とは乖離しており、これを補うものとして、1940（昭和15）年頃から主食配給のために市町村によって作成され始めた世帯台帳が、法的根拠のない任意の申出による登録ながら、居住者登録としての役割を果たしていた（遠藤美奈2013：130）。この世帯台帳は、住民

を把握するための基礎資料として配給の事務だけでなく、選挙、教育、徴税、衛生、統計、生活保護、住民の居住関係の証明等、各種行政事務の処理に利用していたのが実情であったが、本人の申告だけを基礎としており、市町村の公募として行政の基礎資料とするには不完全なものであった[4]。また、これらの台帳は別個に管理されていたため、このような個別の住民の居住関係の記録を統一し、市町村の区域内の全住民を把握する制度が求められることになった。

3. 住民登録法

3.1　住民登録法制定の経緯

　寄留法は、本籍と住所の不一致を踏まえ、住民の居住動態を把握することで戸籍の管理機能を補完するものであったが、社会保障などの救済的な行政サービスが居住地と関係づけて制度化されていなかった時代背景もあり、一部の行政事務の利用にとどまっていた。戦後、新憲法は第25条に生存権の保障を規定し、福祉国家としての責務を明示したことから、従来の選挙人名簿の編製、学齢簿の編製だけでなく、食糧配給、公衆衛生、予防接種といった終戦後の混乱期における多様なサービスが地方行政において要求されることになった。更に、戦争の終結がもたらした、引揚者や孤児の増加による人口流動という特殊状況に対応するためには、新たな居住登録制度の整備が必要とされた。また、住民の居住関係を正確に把握する法制度の整備は、占領軍からの強い要請でもあった（遠藤正敬2017：329-330）。

　戦後、日本国憲法において地方自治の章が設けられ、これに基づいて地方自治法が制定された。この地方自治制度において、地方公共団体の区域が規定さ

4　1951（昭和26）年3月27日衆議院法務委員会における鍛冶委員の住民登録法案提案理由の説明

れ、その区域内に住所を有する住民をもってその構成員とすることが明記さ
れた。これを踏まえ、市町村の住民の実態を把握し、これを公証するために、寄
留（法）制度にかわる新しい住民登録制度が立案された（地方自治百年史編集委
員会1993a：526-527）。

　住民登録法案は、1951（昭和26）年3月24日に議員提案により第10回国会に提
出され、同年3月31日に衆議院を通過して参議院に送付され、同年6月2日に参
議院で修正可決されたが、同日にこの修正は衆議院で承認可決されて、成立した。
　住民登録法案提出時の説明内容としては、以下の3点があげられる[5]。

①　住民登録の事務は、市町村の固有事務として、市町村が処理する。

②　市町村は、その住民について世帯を単位として住民票を作製し、これに
　　住民の氏名、年齢、住所、本籍その他の事項を記載し、かつ住所の異動その
　　他住民票の記載事項の変動があったときは、その都度これを届出又
　　は職権によって住民票に記載する。

③　住民票と戸籍を関連させることによって、住民票の記載の正確を期す
　　るため、市町村はその区域内に本籍を有する者について、戸籍を単位と
　　して戸籍の附票を作製し、これに戸籍に記載されている者の氏名、住所
　　等を記載し、住所の異動があったときは、住所地市町村からの通知に
　　よって、その都度これを戸籍の附票に記載する。

　住民登録法と寄留法での大きな違いは、その対象とする人の範囲である。寄
留法が、人の移動を前提として、その実態を踏まえた「住所」及び「居所」を把
握しようとしたのに対し、住民登録法は「住所」のみを対象とした。このことに
ついて、住民登録制度構築の中心的役割を担った民事法務総務室主幹　平賀健
太は、「浮動的な居所を断念して比較的安定性の多い住所だけを登録の基礎と
した点において、住民登録は寄留より一歩を進めている」（平賀1951：27）と評し
ている。何をもって一歩進めていると判断されるかは明確にされていないが、

5　1951（昭和26）年3月27日衆議院法務委員会における鍛冶委員の住民登録法内容の説明

地方自治法において市町村の区域内に住所を有する者を市町村の住民と定義された以上、市町村における行政事務を的確に処理するためには、その対象となる住民を把握することなしに不可能である。この住民資格に基づいて具体的に基本選挙人名簿の調製が要求され、市町村民税が賦課され、学齢簿、予防接種に関する記録が作成され、その他各種の市町村における行政事務が具体的に処理されることを踏まえれば、住民把握の手段は、各種行政事務について統一的なものでなければならず、このような住民把握の手段として住所の異動を反映する一の登録制度が考えられることは必然であるとされた（平賀1951：28）。

　この前提に立てば、人の移動を踏まえたうえで、人の住所をいかに正確に把握するかが制度の根幹となる。住所の把握について、平賀は「住所といえども恒常的なものではなく、人口移動の激しい中で、個人の住所を把握しようとする住民登録の目的自体が不可能事を目指すものではないか」（平賀1951：27）とし、更に「住所の把握ということが実際上不可能であるとするならば、われわれは選挙、徴税その他市町村の各種の行政事務の現在の処理方法にさらに根本的な変革を加えなければならぬ」（平賀1951：29）として、住所による住民把握の困難性を認識している。

　また、住民登録法における住民把握の手段として、寄留法と同様に住民からの届出とした点について、寄留制度失敗の一大原因がここにあったが、実際問題として、届出を待たずして住民を把握することが困難である以上、この問題を解決するためには住民による届出の不励行を解決するしかない。そのための手段としては、住民に対し市町村の住民たる意識を強力に植えつけるための教育ないし宣伝と届出の懈怠に対する直接的及び間接的な制裁という2つの方法しかない（平賀1951：31-32）とした。住民登録法の制定に深く関わった平賀のこの言葉は、住民登録制度に対する政府の考えを如実に表しているといえる。

3.2　住民登録法とその後の展開

　住民登録法では、住民が住所を変更した場合は市町村に届出の義務が課さ

れていたが、その届出が実行されない結果、平賀の不安どおりその記録は不正確になり、その改善が課題となっていた。住民が住民登録法の届出を実行しない理由は、住民にとって届出を行う必要性も利益も少ないためであった。国、地方公共団体の選挙、課税、義務教育、国民健康保険、国民年金等の行政を執行するために住民の記録を必要とする場合は少なくないが、当時の制度では、各種行政ごとに別々に届出義務を課し、それぞれ台帳を作成することとされていた。そこで、住民登録法に基づく届出事務の実効性及びその記録の正確性を確保するため、住民登録法の記録と各種行政とを結び付ける制度の整備が課題となった（遠藤文夫1999：528-529）。各種行政事務ごとに届出義務が課せられることは、住民にとっても、事務処理においても繁雑化を招き、住民の利便性の向上や行政事務の効率化の観点からも、改善しなければならないという要請が生まれてきた。

4．住民基本台帳法

4.1　住民基本台帳法への経緯

　市町村においては、窓口事務の改善をはじめとする事務改善が進められており、先進市町村では、住民に対するサービスの向上のため、窓口事務の統合が進められてきた。その際に障害となったのが個々の行政ごとに定められている届出及び台帳に関する国の法令や指導であり、このような国の制度全体の総合的な再検討が要請されるに至った（遠藤文夫2005：3）。
　1964（昭和39）年、内閣総理大臣の諮問機関として、市町村における住民台帳制度を合理化するための基本的事項を調査・審議することを目的とした「住民台帳制度合理化調査会」が設けられた。この調査会では、諮問を受けて以来、住民台帳制度の問題点の抽出、市町村の実情調査、住民台帳制度等の改善案の

審議、合理化実験試案の作成と実験等を経て、1966（昭和41）年３月、「住民台帳制度の合理化に関する答申」を決定し、内閣総理大臣へ提出した。答申では、

① 個々の行政ごとに届出の事務処理を課しているが、このようなことは事務処理の繁雑さを招くばかりでなく、住所、世帯又は世帯主の解釈や取扱いが不統一であるうえに、住民も自らの生活上、直接必要に迫られる届出のみを行い、すべての届出を正確に履行されず、その内容に齟齬が生じる原因になっている。

② 個々の行政ごとに多数の台帳を作成することは、市町村における事務処理をいたずらに複雑にするだけでなく、一元的な住民の把握を妨げることにもなっている。

等の指摘が行われるとともに、窓口事務の改善を図り、国民に便利な行政の推進は、国民から広く待望されているところであり、「住民台帳制度はこのような要望にこたえるものでなければならず、同時に市町村にとっても能率的、合理的であって、その市町村の実態に即した弾力的な行政運営ができるものでなければならない」と付言された。この答申を受けて、住民基本台帳法が立案された。この法律は、1967（昭和42）年第55回特別国会において成立し、同年７月25日公布、大部分の規定は同年11月10日から施行された（地方自治百年史編集委員会1993b：442-444）。

住民基本台帳法立案の最大の難関は自治省と法務省との関係であった。住民登録法における問題点の一つとして、選挙人名簿があげられていた。選挙人名簿は、住民登録法の住民票に基づき調製する制度として、すみやかに実施しなければならないと規定されていた。しかし、自治省は、住民登録法の正確な記録を整備することが選挙人名簿を調製するための前提であると主張し、法務省は、住民登録法の記録の正確性を確保するためには住民登録制度と選挙人名簿の制度を連動させることが必要であると主張し、進展を見なかった。新しい住民基本台帳制度は、住民登録法が住民の居住関係の公証を主たる目的としていたのに対し、市町村が住民に関するあらゆる事務の処理の基礎とす

るために、その構成員たる住民を記録することを目的とされた。このため住民
登録法の改正ではなく、新しい法律を制定することとし、その所管も法務省か
ら地方自治制度を所管する自治省とすることが適当であるとの立場から立案
に着手した。最終的に、住民基本台帳法は、法務省から住民基本台帳と選挙人
名簿を結び付けることのみを条件に合意があり、あっさりと決着することに
なった（遠藤文夫1999：529.532-534）。

　住民基本台帳法の国会審議においても、住民基本台帳と選挙人名簿の関係
について議論されており、「現在の選挙人名簿につきましては、御存じのよう
に、住所を移転いたしましたり、あるいは選挙権を有する年齢に達しました場
合に、選挙人のほうから届け出があるというのをたてまえにいたしておりま
すが、その届け出というものを実質上は住民台帳の届け出と結びつけてしま
う、そういうことで、住民台帳の届け出と一つにいたしますれば、この台帳に
載せておりますものを、続いて選挙人名簿をつくっていく、こういうことにつ
ながるわけでございます」と説明している[6]。このことからも住民基本台帳法
と選挙人名簿の統一化が大きな目的であったことが分かる。

4.2　住民基本台帳法の目的と住民の把握

　住民登録法第1条における目的規定では、「この法律は、市町村（特別区を含
む。）においてその住民を登録することによって、住民の居住関係を公証し、そ
の日常生活の利便を図るとともに、常時人口の状況を明らかにし、各種行政事
務の適正で簡易な処理に資することを目的とする。」(傍点筆者)とされていた。
他方で、住民基本台帳法第1条の目的規定では、「この法律は、市町村（特別区を
含む。）において、住民の居住関係の公証、選挙人名簿の登録その他の住民に関
する事務の処理の基礎とするとともに住民の住所に関する届出等の簡素化を
図るため、住民に関する記録を正確かつ統一的に行なう住民基本台帳の制度

---

6 1967（昭和42）年6月8日参議院地方行政委員会における長野士郎自治省行政局長の説明

を定め、もって住民の利便を増進し、あわせて国及び地方公共団体の行政の合理化に資することを目的とする[7]。」(傍点筆者)とした。住民登録法が住民の居住関係の公証を主たる目的としていたのに対し、住民基本台帳法では、住民の居住関係の公証とあわせて、住民に関する記録を正確かつ統一的に記録することと国及び地方公共団体の行政の合理化に資することを目的としている。そして、選挙人名簿との連携が明確化された。行政事務について、適正で簡易な処理から一歩進んで合理化を明記している。

　住民基本台帳法第4条では「住民の住所に関する法令の規定は、地方自治法第10条第1項に規定する住民の住所と異なる意義の住所を定めるものと解釈してはならない」と規定し、地方自治法第10条第1項の「市町村の区域内に住所を有する者は、当該市町村及びこれを包括する都道府県の住民とする」との規定と整合性を図った。これにより、地方公共団体の住民であることはすべての法令を通して住民基本台帳法の住所により一義的に定まることとし、常に「動く存在」としての住民の特定を住民基本台帳法によって実現できることとしたのである(篠原2015 :5)。

4.3　住民基本台帳法の概要

　住民基本台帳制度は、市町村における住民に関する届出及び台帳に関する総合的な制度であり、その基本法たる住民基本台帳法及び関係法令の規定からなる。

　その主な内容としては、以下のとおりである(地方自治百年史編集委員会1993b :444-447)。

　①　住民の地位の変更に関する届出は、すべて一の行為により行われ、か

7　昭和60年法律第76号により改正され、現行住民基本台帳法第1条は「この法律は、市町村(特別区を含む。以下同じ。)において、住民の居住関係の公証、選挙人名簿の登録その他の住民に関する事務の処理の基礎とするとともに住民の住所に関する届出等の簡素化を図り、あわせて住民に関する記録の適正な管理を図るため、住民に関する記録を正確かつ統一的に行なう住民基本台帳の制度を定め、もって住民の利便を増進し、あわせて国及び地方公共団体の行政の合理化に資することを目的とする。」としている。

つ、住民に関する事務処理がすべて住民基本台帳に基づいて行われることとされた。

② 住民基本台帳の整備、その記録の正確性の確保、適正な管理のために、市町村長その他市町村の執行機関に対し、住民記録の事務について常に窓口事務の合理化に努める責務を明らかにするとともに、住民にも正確な届出義務が課された。

③ 住民の住所に関する法令の規定の解釈が統一され、地方自治法第10条の住所と同一意義を有するとされた。

④ 市町村長は、住民基本台帳を備え、その住民について記録しなければならないこととされた。

　ア 住民基本台帳は住民票をもって編成し、原則として個人を単位として作成するが、市町村の実情により、世帯を単位とすることもできるとされた。

　イ 住民票の記載事項は、氏名、出生の年月日、男女の別、世帯主の氏名及び世帯主との続柄、戸籍の表示、住民となった年月日、住所、住民票コード等の他に、選挙人名簿への登録の有無、国民健康保険・介護保険及び国民年金の被保険者の資格、児童手当の受給資格に関する事項とされた。

　ウ 住民基本台帳の記録の正確性を確保するため、住民基本台帳と戸籍を結びつける役割を果たす附票制度が義務づけられた。

⑤ 選挙人名簿の登録、住民税の課税、学齢簿の作成など、住民に関する事務処理は、住民基本台帳に基づいて行うことが規定された。

⑥ 住民基本台帳の調査に関する事務に従事している者又は従事した者に対する秘密を守る義務、市町村長に委託された住民基本台帳に関する事務の処理に従事している者又は従事している者に対する記録の保護義務が課せられた。

⑦ 届出の懈怠等に関する罰則のほか、秘密の漏洩及び虚偽の届出に関する罰則、閲覧、住民票の写し等の交付を虚偽その他不正に受けた者に対

する罰則が設けられた。

4.4　住民基本台帳法のその後の展開

　住民基本台帳法については、その後、幾多の改正が行われることとなるが、その中でも大きなものとして、社会全般のプライバシー保護に対する意識の高まりと情報化社会の進展があげられる。前者については、住民基本台帳の閲覧や住民票の写しの交付等の制度見直しにつながり、後者については、住民基本台帳ネットワークシステム（以下「住基ネット」という。）と社会保障・税番号制度（以下「マイナンバー制度」という。）へ繋がっていく。

　住基ネットとマイナンバー制度の導入について、総務省自治行政局住民制度課長の篠原俊博は、以下のように述べている。それらの制度導入は、住民福祉の増進と行政事務の効率化を目的とするものであり、住民登録制度の歴史的課題である「動く存在」としての住民を把握する仕組みであった。

　篠原によれば、動く存在としての住民は、当然に生涯一つの市町村にとどまるわけではなく、その異動にあたり、転出元市町村における住民のステイタスができるだけ迅速かつ円滑に転出先市町村に引き継がれることが求められるとし、このような住民基本台帳の性質による制約を除去し、住民の正確な情報を国・都道府県の行政事務に利用することで、住民の利便性の一層の向上と行政事務の更なる効率化を実現するために構想されたのが住基ネットであるとしている。住基ネットは、地方公共団体の共同のシステムとして、全国の市町村の住民基本台帳から氏名、出生の年月日、男女の別、住所の基本4情報を抽出し、これに住民票コードを付して全国共通の本人確認情報とすることにより、住民基本台帳のネットワーク化を図り、市町村の区域を超えた住民基本台帳に関する事務の処理を行うための体制を整備するものである。「動く存在」としての住民を正確に把握し、その情報を本人確認情報として日々最新化できる基盤として住基ネットが整備された（篠原2015：8-9）。

　また、住基ネットは、市町村長から都道府県知事に通知される本人確認情報

について全国サーバーを介して国の機関及び地方公共団体の機関に提供するための一方向の情報の流れであり、国の機関及び地方公共団体の機関同士で双方向に情報を流通させるための仕組みではない。更なる住民の利便性の向上と行政事務の効率化を図るためには、国の機関及び地方公共団体それぞれが、その有する個人情報の真正性を確保しつつ相互にデータをやりとりする仕組みの構築が必須となった。この「相互にデータをやりとりする仕組み」を構築する前提としては、国民誰もが無理なく自己情報を申告し、それを受けた行政機関が誤りなく、行政機関共通の識別子をもって当該情報を管理し、行政事務に利用する必要がある。この番号について「見える番号」であるマイナンバーと住民票コードを基に変換して生成する「誰もが知ることができない符号」との組合せによってマイナンバー制度を構築した（篠原2015：10-11）。

　これらの一連の流れについて、篠原は、地方公共団体の存立目的としての「住民福祉の増進」を実現するため[8]、常に「動く存在」としての住民を、プライバシーに配慮しつつ正確に把握し、多様な住民サービスを的確に提供するという課題に対処するため、長い歴史的経緯を経て住民に係る情報を統一的・集約化してきたとしている。これまでの地方公共団体の努力の成果が、把握の難易度が高い「住所」をも含んだ住民の基本4情報を閉域網で流通させる住基ネットであり、一般に広く開放されることになった公的個人認証サービスである。これらの仕組みにおいて、その基盤となる住民基本台帳事務の正確性を担保してきたのは、住民に対する行政サービスを単一主体で提供できる日本の市町村の総合行政主体性であり、その能力に対する高い信頼性であることを強調している（篠原2015：14-15）。

　「動く存在」としての住民の正確な把握という、過去の歴史が物語る住民登録制度最大の課題について、国は、行政事務の合理化を根拠とし、住基ネットやマイナンバーを始めとする情報化（電子化・デジタル化）を一つの解とした。これらの制度はいずれかの市町村に備え付けられた住民票が基本になってい

8　地方自治法第1条の2第1項「地方公共団体は、住民の福祉の増進を図ることを基本として、地域における行政を自主的かつ総合的に実施する役割を広く担うものとする」による。

る。この制度の前提は、住民が記録を管理するいずれかの市町村に属することであり、住所は当然に1つしか認められないことになる。

　今後、行政事務は更なる情報化（電子化）に進むことになるであろう。第32次地方制度調査会の答申[9]においても、「地方行政のデジタル化」が今後の地方行政の在り方を左右する決定的要因である（宍戸2020：9）とされ、2040年における目指すべき地方行政の姿を実現するための対応として第一に挙げられた。地方行政のデジタル化にあたり各種システムの標準化とともに、マイナンバーカードの普及のために様々な施策が展開されている。しかしながら、住民の生活があっての各種行政サービスである。行政事務のデジタル化の推進にあたり、制度化のために住民の権利を制限することは決して許されず、行政事務の効率化・合理化を最優先にするのではなく、住民の生活を踏まえた住民起点の制度設計が求められる。

5. 住民登録制度の歴史的経過と住民概念

　これまで住民登録制度の歴史的経過を詳細に見てきたが、その流れは、以下のように整理できる。
　①　古代から、国家にとって社会秩序の維持のために、その社会構成員の把握は必須であった。
　②　明治政府による強力な中央集権国家を作るために末端までの人を把握することが必要とされた。
　③　人の把握の手段として居住地主義を採用し、天皇の治める領土に帰属する「戸」を単位とする戸籍法を制定した。
　④　近代化が進む中で人口移動が激化し、戸籍法では居住実態が把握でき

ず、その任務を寄留制度にゆずった。

⑤　人の居住実態から住所と居所を把握する寄留法が制定されたが、事務の
煩雑化や実用性の観点から本来の使命を果たすことができなかった。

⑥　居所の把握を断念し、配給制度実施の必要から市町村において世帯別
に登録していた世帯台帳を踏まえ、住所に特化した住民登録制度を創
設した。

⑦　住民基本台帳制度では、その主たる目的が、住民の居住関係の公証から市
町村による事務処理の効率化・合理化のための住民記録へと変わった。

⑧　更なる行政事務の効率化を図るため住基ネットとすべての住民に個人
番号を付与し管理するマイナンバー制度が施行された。

　戸籍制度による人の居住実態の把握は、人口移動の激化により断念し、住所
と居所を把握する寄留制度にその役割を譲ったが、市町村の行政事務に利用
されたのは、配給制度における平等な資源配分の基礎資料とされた法的根拠
のない世帯台帳であった。居住実態の把握を目的とした寄留制度は実質的に
機能せず、配給という住民生活に直結する行政サービスの提供のために、行政
客体の正確な把握が必要とされたのである。それが「住所」による住民登録制
度へとつながり、その後、行政サービスだけでなく、様々な住民の権利義務と
結びつく制度が構築されることになる。戦後改革により住民が自治権の主体
たる地位に転換したにもかかわらず、憲法、地方自治法においても住民の根拠
となる「住所」について明確に規定されず、民法の規定による「生活の本拠」
が根拠とされた。

　住民を把握するために始まった寄留制度は、「動く存在」としての住民の生
活実態から、「住所」と「居所」を把握しようとする制度であった。一方で、住民
基本台帳制度では、「動く存在」としての住民について、住民の生活実態とは必
ずしも一致しない「住所」による定義が一義的に定められた。当然に、行政事
務の観点からは、住民の住所は 1 つに限定した方が管理しやすい。しかしなが
ら、住民登録制度の歴史が物語るとおり、生活の本拠として 1 つに限る「住所」

とは、住民を把握するため、統治の必要から生み出された制度的な工夫に過ぎ
ない。その根底にあるのは、住民をあくまで統治の対象として捉え、国民管理
と行政事務の効率化・合理化を優先した結果である。その流れは、現在におい
ても引き継がれ、避難者の生活を守るために緊急的に避難先での行政サービ
スを確保する必要性があったとしても、原発事故から9年半を超える超長期
的避難に対し、国が制度化した原発避難者特例法は、避難住民の生活実態から
住民としての権利を守るものではなく、住民を行政サービスの客体（対象）と
捉える制度の延長線であった。原発事故により避難を余儀なくされた住民の
権利よりも、行政事務の合理化が優先されたのである。他方で、多くの避難住
民にとって実際の生活の場と住民登録の場との乖離は明らかであり、生活の
本拠とされる住所のある市町村だけに住民登録を認める制度が破綻している
ことは、周知の事実である。

　その社会構成員としての住民を把握することから始まった住民登録制度
は、登録による住民の居住関係の公証から、その目的を行政事務の効率化、合
理化へ転換させた。現行憲法において国民主権が明確化され、自治の主体であ
るべき住民の地位は、行政事務の合理化という名のもと、明治地方制度から
延々と続く統治の対象としての地位に、現在においても何ら変化がないので
ある。改めて、地方公共団体における住民の存在について、住民登録の本来の
意義を踏まえた再検討が必要ではないだろうか。

6. 小括

　本章では、住民登録制度の歴史的経過をたどりながら、住民概念の構築過程
を検証してきた。古代から、国家にとってその社会秩序の維持のために、その
社会構成員である住民の把握が必要とされたが、人の移動が常態化する中で
「動く存在」としての住民の把握は困難を極めた。明治期からの寄留制度では

住民の生活実態から「住所」と「居所」を把握する制度設計を行ったが、制度的な不備や事務の煩雑化などにより、「居所」の把握を断念し、「住所」に特化した住民登録制度が構築された。その後、住民登録制度の目的が、住民の居住関係の公証から行政事務の効率化・合理化へ転換されていく。明治地方自治制度から続く、地方公共団体の都合を優先した住民の把握（＝支配）が、現在においても続いているのである。

終章　自治の担い手としての住民概念へ

1. 住民とは？

　住民とは、その名のとおり「住む民（人）」である。住民がそこに住む（生活する＝生きて活動すること）ために必要とされたのが集住であり、それが集落になり、自治体の原型である「村」へとつながっていく。そういった村を支配する存在として統治者が現れると、徴税や徴兵等のため、その社会構成員たる住民の把握が必要となった。中央集権国家の成立を目指した明治政府は、天皇を統治の手段として活用し、天皇のもとに「臣民」たる住民を把握する制度として戸籍制度を整備した。しかしながら、人は動く存在である。その動く存在としての住民をいかに把握するかが、住民登録制度に課せられた永久の課題であった。その課題に対処するために、寄留制度では住民の居住実態を踏まえ、住所と居所から住民を把握する仕組みを構築した。寄留制度を法制化した寄留法は、戦後の1951（昭和26）年まで続けられることになる。しかし、寄留制度では正確な住民の把握ができず、居所の把握を断念し、民法の規定による「生活の本拠」とする「住所」を組み込み、住民をいずれか1つの自治体に帰属させる住民登録制度が構築された。

　戦後、日本国憲法の制定により国民主権と基本的人権の尊重が明文化され、その具体的な手段の1つとして地方自治が位置づけられた。憲法では、地方公共団体の組織と運営は「地方自治の本旨」に基づくとし、住民自らの意思に基づく「住民自治」と、国から独立した団体自らの意思と責任による「団体自治」

が要請された。

　地方公共団体における公共的事務の執行にあたっては、その対象としての住民の正確な把握が必須であり、住民登録制度はその基盤として位置づけられた。そのこと自体は当然に必要なものであるが、問題となるのは、居住実態と乖離していても住民を把握するための都合が優先され、結果として住民の権利義務まで制限してしまうことにある。明治憲法下においては、国にとっての住民は「支配される対象としての住民」に過ぎなかったが、戦後、制度上は「主権者としての住民」に転換された。住民としての多様な側面を踏まえれば、対象としての住民概念と主権者としての住民概念が必ずしも一致するとは限らない。

　実生活でも憲法で「居住移転の自由[1]」が明確にされた現代において、住民は一生において1箇所に住むことは稀であり、そのライフステージごとに居住地を移動することは一般的である。また、その居住形態として「生活の本拠」を1箇所に定めることが困難な事例は多数存在する。それにもかかわらず、専門化した政治・行政にとって、その事務の効率化・合理化のためには、その基本となる住民基本台帳によって一元的に定められることが必要とされた。住民の居住実態とかけ離れたこの制度の運用にとって、それぞれの場面で様々な矛盾が生じることは、ある意味必然である。

2. 政策対象としての国民と住民

　人の自由な移動が前提とされてきたこれまでの生活に対し、その移動が制限される事態が、新型コロナウイルス感染症により発生した。新型コロナウイルス感染症は瞬く間に全世界に広がり、日本においては2020年1月16日に

1　日本国憲法第22条第1項：何人も、公共の福祉に反しない限り、居住、移転及び職業選択の自由を有する。

初めての感染者が確認された後、都市部を中心に急速な感染拡大がおき、4月7日には緊急事態宣言が発令された。「不要不急」の外出を控えることが呼びかけられ、実質的に移動が制限された。その後、緊急事態宣言は解除されたが、再び感染者の増加が起こり、2020年11月現在、収束の見通しは立っていない。

　新型コロナウイルス感染症対策として、いち早く政府が打ち出した政策が「生活支援臨時給付金」であり、一定水準まで所得が減少した世帯に対して30万円を支給することが4月7日に閣議決定された。しかしながら、「生活支援臨時給付金」に対して様々な批判がおこり、全ての国民に一律10万円を支給する「特別定額給付金」が実施されることになった。

　「生活支援臨時給付金」から「特別定額給付金」への転換について、安倍晋三総理大臣（当時）は、「感染症の影響が長引き、全ての国民の皆様が厳しい状況に置かれており、長期戦も予想される中で、国民の皆様とともにこの難局を乗り越えていくため、全国全ての皆様を対象に一律に一人当たり十万円の給付を行うことといたしました[2]（傍点筆者）と説明している。また、4月20日付けで総務大臣から各都道府県知事、各指定都市市長宛に「特別定額給付金（仮称）事業の実施について」とする文書が発出され、事業の実施主体は市区町村、実施に要する経費（給付事業費及び事務費）は国が補助（10/10）、給付対象者は、基準日（令和2年4月27日）において住民基本台帳に記録されている者とされた。

　実施主体が市区町村とされた理由は、簡素な仕組みで迅速かつ的確に家計への支援を行うという趣旨を踏まえてのものであった。高市早苗総務大臣（当時）が「収入が減った方々、特定の方々に対して30万円の給付ということが最初に打ち出されました。内閣府の制度設計でございますが、ただ、その給付実務の方は総務省で担うようにというご指示が、まだ閣議決定前でございましたが総理からありまして」と答弁している[3]ことからも、市区町村を実施主体とする制度設計が当初から想定されていたことが確認できる。これは、リーマンショック後の2009年に1人12,000円（65歳以上の者及び18歳以下の者は

2　2020年4月27日参議院本会議における難波奨二議員の質問に対する答弁
3　2020年4月30日参議院総務委員会における岸真紀子議員の質問に対する答弁

20,000 円)を給付した「定額給付金」事業と全く同様のスキームである。

　給付対象者が住民基本台帳に記録されている者とされたことにより、基準日現在において生活の本拠としての住所が必要となる。これまで述べてきたとおり居住地と住民登録地は必ずしも一致するとは限らない。また、DV 被害により住民登録地に居住していない方やホームレス等で住民基本台帳に登録されていない方については、別途の対応が必要となった。ホームレス等に対する住所認定については、総務省自治行政局住民制度課長から各都道府県市区町村担当部長宛に、技術的助言としながら、「本人確認の上、いずれの市区町村にも住民票がないことを確認した場合は、(中略)緊急的な一時宿泊場所などであっても、当該宿泊場所などの管理者の同意があり、生活の本拠たる住所として市区町村長が認定することが適当であると判断したときは、住民票を作成すること」と通知され[4]、特別定額給付金の対象とするため弾力的な運用が求められた。給付金の対象となるために住民登録を求めることは本末転倒であろう。そして、国民であるにもかかわらずこの制度の対象外となったのが、在外日本人の取扱いである。

　市区町村の住民基本台帳に記録されている者が 1 年以上国外に転出した場合には、一般的に住民票は消除される。日本国籍をもち国民に含まれる[5]が、基準日において住民基本台帳に記録されていない在外日本人が特別定額給付金の給付対象になるかについては、国会でも議論され、5 月 2 日までの総務省の政府広報では「すべての国民は、十万円の生活支援給付金をうけとることができます」とされていたものが、5 月 3 日以降は「日本にお住いの、すべての方へ、お一人につき」と変わっていることを取り上げ、「国民」と「住民票に記載されている国内居住者」というダブルスタンダート（二重基準）が起きているとの指摘があった[6]。自民党において海外在住の日本人にも 1 人 10 万円を支

4　2020 年 6 月 17 日付け総行住第 114 号
5　2020 年 5 月 13 日衆議院国土交通委員会において、竹内努法務省大臣官房審議官が「国民とは国籍法で言う日本国民を指す」と答弁している。
6　2020 年 5 月 13 日衆議院国土交通委員会矢神雅義議員の発言

給する方向で調整しているとの報道[7]があったが、結果として、給付の対象外となることが明らかにされた[8]。

　「特別定額給付金」事業において、果たして対象は誰であったのか。「特別定額給付金」事業を公共政策と位置付ければ、必ず対象集団が存在し、集団の特性をもとに政策が形成されるはずである（秋吉2017：6）。当初「国民すべて」としておきながら、市区町村による実施を前提としたスキームから、給付対象は「住民基本台帳に記録されている者」として一部の「国民」となった。対象が国民であれば一義的には国が実施すべき事業であり、市区町村の事務とするのであれば、少なくとも法定受託事務とすべきであろう[9]。市区町村の自治事務とするのであれば、迅速かつ的確な事務の遂行を踏まえたうえで、市区町村自らの責任において地域の実情を把握し、本当に困窮している住民、支援が必要な住民に支給できる制度とすべきであった。その結果として、一律に定額を支給することも、市区町村、究極的には住民の判断である。自治事務としながら、実質的に市区町村に裁量の余地がないこの制度設計は、国が補助金をとおして市区町村を「下請け」として利用する制度であり、本来あるべき住民概念を考慮せず、明治地方制度から続く、統治の対象としてのみ「住民」を捉える国の根本的な認識が、現在も続いていることが明らかになったといえる。

7　2020年6月9日sankeiBiz、2020年7月30日共同通信社　ほか
8　2020年5月13日衆議院国土交通委員会森源二総務省大臣官房審議官の発言
9　1998年5月29日に閣議決定された地方分権推進計画における法定受託事務のメルクマールでも「全国単一の制度又は全国一律の基準により行う給付金の支給等に関する事務」として「生存にかかわるナショナル・ミニマムを確保するため、全国一律に公平・平等に行う給付金の支給等に関する事務」が示されており、特別定額給付金事務が該当すると思われる。なお、2009年に実施した定額給付金事業を自治事務としたことについて、2009年5月15日地方財政審議会において竹中正博総務省自治行政局地域政策課定額給付金室課長補佐が「定額給付金事業は、地方分権推進計画における法定受託事務のメルクマール（生存にかかわるナショナル・ミニマム）や、地方分権一括法の附則（法定受託事務についてはできる限り新たに設けない）を踏まえると、法定受託事務とすることは適当でない」としているが、適切な判断といえるであろうか。

3. 住所単数制の限界と福島原発事故による避難住民

　改めて「住民」の要件である「住所」とは何か。そもそも住所とは民法の規定であり、住所複数制が通説となっている。今日の重層的、多角的に複雑な社会生活の中では、生活の本拠は当然に複数あり、それぞれの場面で最も関係の深い場所が法律関係に基づく住所として定められるべきとされている。また、選挙法と住民登録の関係については、選挙人名簿に登録されるために住所を有し住民基本台帳に登録されることが前提となるが、仮に住民基本台帳に登録されている場合であっても、居住実態がない場合は選挙権・被選挙権を有しないとされている。

　住所複数制が通説である民法に対し、選挙法における住所は単一でなければならないとされており、公法上では住所複数制は認められていない。この根拠となるのは、「選挙に関しては、住所は1人につき1箇所に限る」とされた昭和23年12月18日の最高裁判決である。これにより、現実に複数の生活の本拠がある場合でも、いずれか1つの住所を定めなければならない。その基準が客観的な居住実態による判断であるが、いずれの場所を住所として認めるかどうかは、結局、他の場所との比較問題に過ぎない。結果として、客観的居住実態という擬制により、その場面ごとの判断で住所の有無が認定された。その中で、主観的住所概念は住所認定の一要素であるとされたが、実質的には排除されてきた。しかしながら、排除されたはずの主観的住所概念が一転して重視されたのが、原発避難者特例法であった。他方で、住所単数制は頑なに守られた。

　原発事故から9年半を超える想定外の超長期的避難に対し、国が制度化した原発避難者特例法は、住民の持つ多様な側面のうち行政の対象としての立場のみを考慮したうえで、既存の住民登録制度を守り続けることを前提とした制度であり、避難住民の生活実態から住民としての権利を守るものではな

かった。制度立案のきっかけとなった「二重市民権」は忘れ去られ、行政サービスの提供に置き換えられた。その根底には、避難住民は「いずれ帰る、帰りたい[10]」と断定し、帰還が前提となっている。現実は、避難指示が解除された自治体の帰還率をみれば明白である。住民の居住実態と住所（住民登録地であり、選挙人名簿の登録地でもある）の乖離は明らかであり、ここから、住所を1つしか認めない住所単数制の限界が見えてくる。

　福島原発事故は、あくまで事故であり、明確に加害者が存在する。令和2年9月30日仙台高裁判決においても国及び東京電力の法的責任を明確に認めた[11]。国策として原発政策を進めてきた国は、避難住民の生活実態に寄り添った制度構築が求められる。そして、避難住民が、自ら生活する場所を決断するまで、避難元自治体との絆を保ちながら、長期的に避難先自治体で生活することを保障する責務がある。その結果として、避難元自治体と避難先自治体の両方に居住することは、当然にあり得る。

　福島原発事故からの自治体の復興にあたり求められるべきものは、行政主導ではなく、自治の主体としての住民自らが地域社会を復活させ、地域社会においてこれまで同様の生活を営むことである。しかしながら、現実には行政主導によるハード中心の復興政策が推進されている[12]。一方で、原発事故避難自治体の居住人口を見ると、震災前の姿とはほど遠く、地域社会の存続が危ぶまれている。

10　2011年8月2日衆議院総務委員会での片山大臣の発言
11　2020（令和2）年9月30日、仙台高等裁判所における「東京電力福島第一原子力発電所事故被害者の集団訴訟について」の控訴審判決では、事故の予見可能性について国と東京電力の過失責任と認めるとともに、国の責任について「不誠実ともいえる東電の報告書を唯々諾々と受け入れることとなったものであり、規制当局に期待される役割を果たさなかった」として、国の法的責任を厳しく指摘した。
12　例えば、富岡町における復興計画策定過程について、金井利之・今井照（2016）『原発被災地の復興シナリオ・プランニング』公人の友社　参照

4．人口減少・分散型社会を見据えた住民概念

　新型コロナウイルス感染症により顕在化したリスクとして「都市一極集中」があげられる。東京圏をはじめとする人口集中地域において感染者の増加が顕著であった。また、人の移動が制限された結果、多くの職場において在宅勤務が導入され、職住近接は生活における必須要件ではなくなった。目に見えない放射能の影響により移動を余儀なくされた原発事故と移動が制限された新型コロナウイルス感染症終息後は、どのような社会が望まれるのであろうか。この2つの課題を両立する手段として、複数地域居住を前提とした分散型社会の構築が考えられる。その場合、住所複数制の採用を踏まえた、住民概念の拡大について検証する必要があるだろう。

　コロナ禍や原発事故による特例に限らず、従来からの住民概念を拡大する動きとして、住民投票条例で住所を有する住民に限らず在勤者や在学者に投票資格を与えることや出身者、ふるさと納税をした方に「第2の住民票（ふるさと住民票）」を発行する事例がみられる[13]。また、地域との関わりが多様化する中で、地域に対して交流（観光）人口より深く関わり、定住人口より浅い関わりをもつ人々を「関係人口」として捉え、総務省において検討会[14]が設置され、議論された。2018年度に「「関係人口」創出事業」、2019年度・2020年度に「関係人口創出・拡大事業」として、全国的にモデル事業が実施されている。しかしながら、ふるさと住民票による仮の住民が増えたとしても、関係人口が増えたとしても、人口減少が進む自治体における地域社会の維持という根本的な課題は解決しないであろう。必要なのは、地域社会における自治の担い手として

13　朝日新聞2017年6月26日「町政参加、町外の人も　通勤の人に住民投票権や「第2の住民票」」
14　これからの移住・交流施策のあり方に関する検討会は、2016年11月から2017年12月まで9回の検討会が開催され、2017年4月25日に中間とりまとめ、2018年1月26日に検討会報告書が公表された。

の住民であり、地域社会に関わることを制度的に保障することである。

　福島原発事故避難自治体に目を向けると、今後、避難指示解除からの時間の経過とともに、避難住民の決断が強制される。そして、原発避難者特例法による現実の居住地と住民登録地の齟齬について、いつまで認められるであろうか。他方で、様々な理由により帰還できない住民の存在を忘れてはならない。避難先で主に生活していても、定期的に避難元の自宅へ帰ることもあり得るし、避難元自治体との絆が切れる訳ではない。避難元、避難先自治体に居住し、日常生活においてそれぞれの自治体と密接な関係を築くことは当然にあり得る。住民の居住実態を多元的に捉えれば、人的移動を政策的に促すことにより、多様な主体が地域社会と関わりながら維持していくことが可能となる。人口流動を政策的に促すことにより、「旧来の秩序や価値基準から解放された人々が、自分自身の「居場所」を求めて、最も自分らしく過ごせる場所を求めて、毎日、毎週、毎月、毎年、さらにはライフステージごとに、自分がそのときに所属する社会や組織のエリアを離れて、他のエリアを訪ね、他のコミュニティーに溶け込んで時間を過ごし、あるいは移住を重ねる、そうした人々の動きが可能となる。それによって社会が実質的に拡大すれば、個々の集落社会で考えるより、はるかに人口の維持可能性を高めることができる」（松谷2009：4-5）。人を数で捉える概念から脱却し、人の奪い合いでなく、そこに住む人たちが自らの生活に必要な地域社会を維持していくために、多様な住民が関わる姿である。その前提として、住民の「住む」権利を踏まえ、住民が自治の主体として地域社会に関わることを制度的に保証されなければならない。福島原発事故における避難経過では、自治体の判断で避難先を確保していった一方で、多くの住民は自らの判断で避難した。その結果、避難先において地元住民との様々な軋轢を生む結果となった。しかしながら、複数地域居住を実践し、普段から地元住民との関係性を構築していれば、避難先での生活は変わっていたであろう。普段の交流による避難先住民との関係性構築の重要性は、楢葉町における会津美里町への避難の事例が明確に証明している。

　更に、自治の主体としての住民を考えると、自治体における自治の担い手た

る住民（メンバー）は、自ら決めることができる制度が必要である。住民の居住実態に応じた住所複数制を前提とし、複数の自治体の住民になり得る制度は、避難先自治体との単なる「関係」でなく、自治を担う主体である住民として関わることが可能となる。

　住民を多元的に捉え、住所複数制に基づき多様な住民が自治の担い手として様々な地域社会と関わりながら自治体のあるべき姿を見出していくことが、人口減少を踏まえた、分散型社会における地域創造に向けた有効な手段と考えられるのではないだろうか。

あとがき

　本書は、2019 年度に法政大学大学院公共政策研究科に提出した博士論文「住民概念の研究　統治される対象としての住民から自治の主体としての住民へ」を基に修正を加えたものである。筆者は福島県会津美里町の職員であり、福島大学大学院地域政策科学研究科に在籍中の 2011 年 3 月 11 日、東日本大震災が発生した。幸いにも福島県会津地域において大きな被害はなかったが、福島原発事故が発生し、会津美里町と姉妹都市を締結していた楢葉町の避難者を受け入れることになった。避難経過については修士論文で整理し、原発事故からの避難にあたり楢葉町と会津美里町の連携が有効に機能したことを明らかにしたうえで、住民の生命、身体、財産を守るという究極の使命と役割は、住民にとって最も身近な行政主体であり、地域にとって他に代替性のない基礎的自治体しか果しえないことを結論づけた。しかしながら、短期的な視点では有効に機能した両町の連携による避難であるが、長期的な視点で避難住民を考えたとき、制度上の根本的な課題があるのではないかという問題意識のもと、「住民」という概念の研究に辿り着いた。本書の「住民論」というタイトルは、私自身が明確に体系化できていないこともあり、多くの方々、あるいは住民自らが「住民とは？」という問いを考えるきっかけになればという思いからつけたものである。

　本書の執筆にあたり、多くの方々からの指導・助言により完成に至った。まず、博士論文の指導教授である法政大学大学院公共政策研究科、武藤博己先生には丁寧かつ的確なご指導をいただいた。本書のテーマである「住民」については、大学院入学前、博士課程への進学を相談した際にいただいたアドバイスが原型であり、「本を 1 冊書くつもりで研究を極めなさい」と言われたことを肝に銘じて、研究を進めてきた。福島大学大学院における修士論文の指導教授

であり、私を研究の世界に導いてくださった地方自治総合研究所の今井照先生には、博士論文審査にあたって副査をつとめていただき、論文の不足部分についてご指導をいただいた。博士論文審査の主査をつとめていただいた杉崎和久先生、自治体学会青森大会の分科会において貴重な意見をいただいた廣瀬克哉先生、公共政策ワークショップにおいてその都度的確な意見をいただいた名和田是彦先生と渕元初姫先生（いずれも法政大学大学院公共政策研究科）、そして、法政大学大学院武藤ゼミの皆さんにも深く感謝する。

　また、研究を進める中で、自治体学会に投稿した論文について「自治体学研究奨励賞」をいただいた。このことにより研究の方向性が間違っていないことを確認でき、更に研究を進める大きな刺激となった。多くの自治体職員が自治体学会に入会し、普段の業務における疑問点を研究につなげてほしいと望むものである。

　本研究の原点は、福島原発事故における楢葉町の状況である。理不尽な避難生活を余儀なくされた中でアンケートやヒアリングに協力いただいた楢葉町民の方々、髙木さつき氏、坂本巖氏、坂本和也氏をはじめとする楢葉町役場の職員の方々に対しても深く感謝の意を表するとともに、楢葉町の1日も早い真の復興を祈るものである。

　本書の出版を快く引き受けていただいた公人の友社の武内英晴社長にも厚く御礼を申し上げたい。武内社長には、「福島インサイドストーリー」の出版においてもお世話になったが、単著の出版未経験のなかで丁寧に対応していただいた。

　なお、本書の出版にあたっては、2020年度法政大学大学院博士論文出版助成金の対象としていただいた。深く謝意を表する次第である。

　最後に、法政大学大学院での学びにあたり、週末に片道約5時間かけて高速バスで通学し、博士の学位を取得できたのは、妻と家族の理解と協力があってのことである。この場を借りて、深く感謝を申し上げたい。

2020年9月　渡部　朋宏

【参考文献】

青木高夫（2013）『原典から読み解く日米交渉の舞台裏　日本国憲法はどう生まれたか？』ディスカヴァー・トゥエンティワン

青山彰久（2017）「もう一つの住民票を発行する－その始まりと可能性」月刊ガバナンス2017年2月号　ぎょうせい

秋野沆著（2018）『改正　市制町村制講義　全［明治四十五年第四版］』日本立法資料全集別巻1052　信山社

秋吉貴雄著（2017）『入門　公共政策学　社会問題を解決する「新しい知」』中央公論新社

阿部智明（2012）「近代日本における住民概念の確立」福島大学大学院地域政策科学研究科 修士論文

阿部知明（2020）「これからの地方行政体制の姿～第32次地方制度調査会答申を読む～」地方自治No.873　地方自治制度研究会

天川晃（2017）『天川晃最終講義　戦後自治制度の形成』左右社

荒木田岳（2000）「戸籍法の歴史的位置」一橋論業123（2）

飯島淳子（2013a）「住民」公法研究75号　日本公法学会

飯島淳子（2013b）「憲法上の地方公共団体の意義」磯部力・木幡純子・斎藤誠編『地方自治判例百選［第4版］』別冊ジュリスト215　有斐閣

井川博（2010）「我が国の地方自治の成立・発展　第3期　旧地方自治制度の発展〈1909-1929年〉」自治体国際化協会（CLAIR）・政策研究大学院大学　比較地方自治研究センター（COSLOG）

石田譲（2014）『民法総則』民法体系（1）信山社

磯崎初仁・金井利之・伊藤正次著（2011）『ホーンブック地方自治［改訂版］』北樹出版

磯崎初仁・金井利之・伊藤正次著（2020）『ホーンブック地方自治［新版］』北樹出版

磯崎初仁（2013）「住民基本台帳法上の転入届と自治体の住民票作成義務」磯部力・木幡純子・斎藤誠編『地方自治判例百選［第4版］』別冊ジュリスト215　有斐閣

市村高志（2016）「避難者にとって「復興プロセス」とはなにか」現代思想2016年3月号　青土社

井戸田博史（1993）『家族の法と歴史－氏・戸籍・祖先祭祀－』　世界思想社

今井照（2011a）「原発災害事務処理特例法の制定について」自治総研通巻395号　2011年9月号　地方自治総合研究所

今井照（2011b）「被災自治体に対して何ができるか」月刊ガバナンス2011年4月号　ぎょうせい

今井照（2011c）「自治体再生のために　新しい自治体観の提起に向けて」地方自治職員研修2011年6月号　公職研

今井照（2011d）「「急がない復興」へ－福島の自治体で何が起きたか」月刊ガバナンス2011年8月号　ぎょうせい

今井照（2012）「「仮の町」構想と自治の原点」月刊ガバナンス2012年9月号　ぎょうせい

今井照（2013）「シチズンシップと自治体の政治・行政　「市民」とは何か、「自治体」とは何か」地方自治職員研修2013年9月号　公職研

今井照（2014a）『自治体再建－原発避難と「移動する村」』　筑摩書房

今井照（2014b）「原発災害避難自治体の再建」学術の動向2014年4月号　日本学術協力財団

今井照（2015）「原発災害避難から考える多重市民権」学術の動向2015年4月号　日本学術協力財団

今井照（2016a）「「二重の住民登録」をめぐる議論について」日本災害復興学会誌　復興（14号）vol.7No. 2（2016.2.11）　日本災害復興学会

今井照（2016b）「「住民」の再定義から始めよう－原発被災地における凍結型復興（通い復興）の提言－」地方議会人2016年3月号　中央文化社

今井照（2017a）『地方自治講義』　筑摩書房

今井照（2017b）「再論・自治体再建」地方自治職員研修2017年3月号　公職研

今井照（2018）「原発災害避難者の実態調査（7次）」自治総研通巻474号2018年4月号　地方自治総合研究所

今井照（2019）「原発災害避難者の実態調査（8次）」自治総研通巻486号2019年4月号　地方自治総合研究所

今井照（2020a）「原発災害避難者の実態調査（9次）」自治総研通巻499号2020年5月号　地方自治総合研究所

今井照（2020b）『自治体とは何か・公務員とは何か』　NPO政策研究所

今井照（2020c）「新型コロナウイルス感染症対策と地方自治－「日本モデル」と法の支配」自治総研通巻501号2020年7月号　地方自治総合研究所

今村都南雄著（1988）『行政の理法』　三嶺書房

今村都南雄・武藤博己・沼田良・佐藤克廣・南島和久著（2015）『ホーンブック基礎行政学〔第3版〕』　北樹出版

入江俊郎・古井喜實・鈴木俊一・小林興三次・藤井貞夫・金丸三郎著（1949）『逐条地方自治法提義』　良書普及会

岩田章浩（2012）「解題　戸籍実務の回顧と展望（第1回）　旧法から現行法へ　寄留制度の改正そして改製作業へ」戸籍877　テイハン

植田昌也（2011）「原発避難者特例法について」地方自治767号　地方自治制度研究会

宇賀克也・交告尚文・山本隆司編（2012）『行政判例百選①［第6版］』別冊ジュリストNo.211　有斐閣

宇賀克也（2013）『地方自治法概説［第5版］』　有斐閣

遠藤浩著（1995）『民法基本判例1　総則』　信山社

遠藤文夫（1999）「住民登録制度から住民基本台帳制度への移行」戸籍法50周年記念論文集編纂委員会編『現行戸籍制度50年の歩みと展望:戸籍法50周年記念論文集』日本加除出版

遠藤文夫（2005）「住民基本台帳制度の制定及びその後の経過を顧みて」住民行政の窓286（2005.12）日本加除出版

遠藤正敬（2013）『戸籍と国籍の近現代史－民族・血統・日本人』　明石書店

遠藤正敬（2017）『戸籍と無戸籍－「日本人」の輪郭』　人文書院

遠藤正敬（2019）「日本の戸籍法のあゆみ－現実と乖離した伝統的制度」都市問題vol.110　2019年5月号　後藤・安田記念東京都市研究所

遠藤美奈（2013）「住所による個人の把握と人権保障」公法研究75号　日本公法学会

大石真・石川健治編（2008）『憲法の争点』新・法律学の争点シリーズ3　ジュリスト増刊　有斐閣

大島美津子（1977）『明治のむら』　教育社

太田匡彦（2008）「住所・住民・地方公共団体」地方自治727号　地方自治制度研究会

太田匡彦（2013）「住所を有する者(1)(2)」磯部力・木幡純子・斎藤誠編『地方自治判例百選［第4版］』別冊ジュリスト215　有斐閣

太田匡彦（2015）「居住・時間・住民－地方公共団体の基礎に措定されるべき連帯に関する一考察」嶋田暁文・阿部昌樹・木佐茂男編著『地方自治の基礎概念　住民・住所・自治体をどうとらえるか?』　公人の友社

太田匡彦（2016）「自治体による公共サービスの対象者と住民」都市とガバナンス2016年9月/第26号　日本都市センター

大津浩（2007）「国民主権と「対話」する地方自治」『岩波講座　憲法3　ネーション

と市民』　岩波書店

大橋保明・高木竜輔（2012）「東日本大震災における楢葉町の災害対応（3）－教育機能の維持・再編－」いわき明星大学大学院人文学研究科紀要第10号別冊（2012.3）

大森彌（2020a）「新型コロナ禍と自治体の対応」自治実務セミナー2020年7月号　第一法規

大森彌（2020b）「「特別定額給付金給付」はどういう事務か」町村週報3125号　全国町村会

岡田正則（2017）「原発災害避難住民の「二重の地位」の保障－「生活の本拠」選択権と帰還権を保障する法制度の提案」学術の動向2017年4月号　日本学術協力財団

奥田安弘（2017）『家族と国籍　国際化の安定のなかで』　明石書店

小関紹夫・阪上順夫・山本博編（1975）『選挙法全書』　政治広報センター

小田切徳美（2018）「関係人口という未来－背景・意義・政策」月刊ガバナンス2018年2月号　ぎょうせい

景山享弘（2016）「「ふるさと住民票」で地域の再生を」町村週報第2974号　全国町村会

梶康郎著（2011）『実例判例　市制町村制釈義〔昭和十年改正版〕』日本立法資料全集別巻746　信山社

加藤一郎（1945）「学生選挙権と住所－その経緯と論点－」ジュリスト1945.12.1　有斐閣

金井利之（2011）「「想定外」の地方自治の行方」月刊ガバナンス2011年8月号　ぎょうせい

金井利之（2014）「住民生活再建と住民登録の在り方」学術の動向2014年4月号　日本学術協力財団

金井利之（2015a）「市民住民側面から見た自治体・空間の関係」自治研究第91巻第6号　第一法規

金井利之（2015b）「対象住民側面から見た自治体・空間の関係」嶋田暁文・阿部昌樹・木佐茂男編著『地方自治の基礎概念　住民・住所・自治体をどうとらえるか？』公人の友社

金井利之（2015c）「公務住民側面から見た自治体・空間関係」自治総研通巻438号　2015年4月号　地方自治総合研究所

金井利之（2015d）「地方治態の3要素－住民・区域・自治体－」宇野重規・五百旗頭薫編『ローカルからの再出発　日本と福井のガバナンス』　有斐閣

金井利之（2018）『行政学講義－日本官僚制を解剖する』　筑摩書房

上子秋生（2010）「我が国の地方自治の成立・発展　第1期　近代地方行政の黎明期

〈1868-1880年〉」自治体国際化協会（CLAIR）・政策研究大学院大学　比較地方自治研究センター（COSLOG）

上子秋生（2011）「我が国の地方自治の成立・発展　第2期　市制町村制制定〈1881-1908年〉」自治体国際化協会（CLAIR）・政策研究大学院大学　比較地方自治研究センター（COSLOG）

神山智美（2017）「地方議員選挙における被選挙権要件に関する一考察－3箇月住所要件および兼業禁止規定について－」富山大学紀要　富大経済論集　第63巻第2号

河井孝仁（2018）「地域参画総量が地域を生き残らせる－「関係人口」を超えて」月刊ガバナンス2018年2月号　ぎょうせい

川島武宜著（1949）『民法解釈学の諸問題』　弘文堂新社

菅野昌史・高木竜輔（2012）「東日本大震災における楢葉町の災害対応（1）－コミュニティの再生に向けて－」いわき明星大学大学院人文学研究科紀要第10号別冊（2012.3）

菊池真弓（2013）「原発事故に伴う楢葉町民の避難生活－世帯分離に注目して－」社会学論業第178号（2013.12.25）　日本大学社会学会

亀卦川浩（1962）『地方制度小史』　勁草書房

亀卦川浩（1967）『明治地方制度成立史』　巖南堂書店

岸俊男著（1973）『日本古代籍帳の研究』　塙書房

木下智史・只野雅人編著（2015）『新・コンメンタール憲法』　日本評論社

木村草太（2010）「〈国民〉と〈住民〉－〈基礎的自治体〉の憲法論」自治総研通巻377号2010年3月号　地方自治総合研究所

清宮四郎（1971）『憲法Ⅰ統治の機構［新版］』法律学全集3　有斐閣

髙妻新（1999）「戸籍法の沿革と新戸籍法の基本原理」戸籍法50周年記念論文集編纂委員会編『現行戸籍制度50年の歩みと展望：戸籍法50周年記念論文集』　日本加除出版

児玉幸多著（1953）『近世農村社会の研究』　吉川弘文館

小林三衛（1958）「住所の概念（一）　学生選挙権問題をとおして」茨城大学文理学部紀要　社会科学（8）

小林三衛（1959）「住所の概念（二）－学生選挙権問題をとおして－」茨城大学文理学部紀要　社会科学（9）

小森田秋夫（2018）「福島第一原発事故にともなう避難住民に「二重の地位」を－日本学術会議の提言－」法と民主主義No.528　2018年5月号　日本民主法律家協会

齊藤笑美子（2013）「戸籍による国民の把握とその揺らぎ」公法研究75号　日本公法

学会

齋藤常三郎（1927）「住所に関する考察」国民経済雑誌42（1）

斎藤誠著（2012）『現代地方自治の法的基層』有斐閣

坂本太郎・家永三郎・井上光貞・大野晋校注（1994）『日本書記（一）』岩波書店

作野広和（2018）「「関係人口」の捉え方と自治体の役割－自治体の真価が問われる時代に向けて」月刊ガバナンス2018年2月号　ぎょうせい

指出一正（2016）『ぼくらは地方で幸せを見つける　ソトコト流ローカル再生論』ポプラ社

佐藤竺編著（2002）『逐条研究　地方自治法Ⅰ　総則－直接請求』敬文堂

塩野宏（2013）『行政法Ⅰ（行政法総論）[第5版補訂版]』有斐閣

宍戸常寿（2020）「地方行政のデジタル化に関する論点」自治実務セミナー2020年9月号　第一法規

市町村雑誌社編集（2011）『実地応用　町村制問答〔第二版〕』日本立法資料全集別巻748　信山社

自治省選挙部　大竹邦実・山本信一郎共著（1996）『改訂新版　逐条解説　公職選挙法』政経書院

篠原俊博（2015）「住民基本台帳制度の歴史的意義と今日的意義」地方自治810号地方自治制度研究会

嶋田暁文・阿部昌樹・木佐茂男編著（2015）『地方自治の基礎概念　住民・住所・自治体をどうとらえるか？』公人の友社

清水澄・末松偕一郎・平井良成・松本角太郎・近藤行太郎著（2010）『市制町村制正義[第三版]』日本立法資料全集別巻721　信山社

白石孝・清水雅彦著（2015）『マイナンバー制度　番号管理から住民を守る』自治体研究社

庄司克宏編（2017）『日本国憲法の制定過程－大友一郎講義録』千倉書房

末弘厳太郎（1929）「民法雑考」法学協会雑誌第47巻　法学協会出版

杉原泰雄（2011）『地方自治の憲法論[補訂版]「充実した地方自治」を求めて』勁草書房

杉原泰雄・大津浩・白藤博行・竹森正孝・廣田全男編（2003）『資料　現代地方自治「充実した地方自治」を求めて』勁草書房

杉村章三郎（1934）「公法上の住所について」自治研究第10巻第3号　良書普及会

杉村章三郎（1951）『地方自治制綱要』弘文堂

鈴木庸夫・田島紘一郎（2012）「自治体から見た災害法制の現在－東日本大震災対応法制の問題点」月刊ガバナンス2012年9月号　ぎょうせい

高木鉦作（1976）「日本の地方自治」辻清明編『行政学講座　第2巻　行政の歴史』東京大学出版会

高木鉦作編（1981）『住民自治の権利［改訂版］』法律文化社

高木竜輔・石丸純一（2014）「原発事故に伴う楢葉町民の避難生活（1）－1年後の生活再建の実相－」いわき明星大学大学院人文学部研究紀要第27号別冊（2014.3）

高木竜輔（2020）「原発被災自治体における職員の避難と生活再建における論理」自治総研通巻502号2020年8月号　地方自治総合研究所

高田篤（2013）「在日外国人の地方選挙権」磯部力・木幡純子・斎藤誠編『地方自治判例百選［第4版］』別冊ジュリスト215　有斐閣

滝口進（1999）「寄留・住民登録制度から住民基本台帳制度への移行」戸籍法50周年記念論文集編纂委員会編『現行戸籍制度50年の歩みと展望：戸籍法50周年記念論文集』日本加除出版

竹下譲著（2018）『地方自治制度の歴史　明治の激論－官治か自治か』イマジン出版

田中二郎（1957）『行政法総論』法律学全集6　有斐閣

田中輝美（2017）『関係人口をつくる　定住でも交流でもないローカルイノベーション』木楽舎

田中輝美（2018）「地域の人が関係人口をつくる」月刊ガバナンス2018年2月号　ぎょうせい

田中知邦編纂（2009）『改正増補　市町村制実務要書［上巻］』日本立法資料全集別巻602　信山社

谷口知平・石田喜久夫編集（2002）『新版　注釈民法（1）』有斐閣

地方自治百年史編集委員会（1992）『地方自治百年史　第1巻』地方自治法施行四十周年・自治制公布百年記念会

地方自治百年史編集委員会（1993a）『地方自治百年史　第2巻』地方自治法施行四十周年・自治制公布百年記念会

地方自治百年史編集委員会（1993b）『地方自治百年史　第3巻』地方自治法施行四十周年・自治制公布百年記念会

辻清明著（1976）『日本の地方自治』岩波書店

土井豊・佐野徹治（1978）『選挙制度』現代地方自治全集10　ぎょうせい

東京市政調査会編（1940）『自治五十年史 第一巻 制度篇』良書普及会

東京都市町村戸籍住民基本台帳事務協議会・住民基本台帳事務手引書作成委員会編著（2005）『全訂　住民記録の実務』日本加除出版

中川健蔵・宮内國太郎・阿部壽準・立花俊吉著（1911）『改正市制町村制釈義』帝国

地方行政学会

中川善之助著（1938）「戸籍法及寄留法」新法学全集第12巻　日本評論社

中川高男（1967）「学生選挙権と住所」ジュリスト増刊民法の判例基本判例解説シリーズ4　有斐閣

中原茂樹（2013）「別荘住民の水道料金格差と平等取扱い」磯部力・木幡純子・斎藤誠編『地方自治判例百選［第4版］』別冊ジュリスト215　有斐閣

楢葉町（2014）『楢葉町災害記録誌［第1編］　語り継ぐ震災、築く未来へ』　福島県楢葉町

楢葉町（2016）『楢葉町災害記録誌［第2編］　語り継ぐ震災、築く未来へ』　福島県楢葉町

鳴海正泰著（2003）『自治体改革のあゆみ　［付］証言・横浜飛鳥田市政のなかで』公人社

二井関成（1978）『選挙制度の沿革』現代地方自治全集9　ぎょうせい

西尾勝著（2013）『自治・分権再考　地方自治を志す人たちへ』　ぎょうせい

日本学術会議（2017）「東日本大震災に伴う原発避難者の住民としての地位に関する提言」平成29（2017）年9月29日　東日本大震災復興支援委員会・原子力発電所事故に伴う健康影響評価と国民の健康管理並びに医療のあり方検討分科会

沼田良・安藤愛（2015）『住民自治再構築』　北樹出版

長谷川貴陽史（2017）「ホームレスと選挙権」『代表制民主主義を再考する』　ナカニシヤ出版

長谷川公一・山本薫子編『原発震災と避難　原子力政策の転換は可能か』シリーズ被災地から未来を考える①　有斐閣

原島良成（2012）「地方公共団体の住民－その法的地位（一）」熊本ロージャーナル第6号（2012.4）

林良平・藤原弘道・川村俊雄編（1991）『逐条民法　特別法講座①総則』　ぎょうせい

比較家族史学会監修　利谷信義・鎌田浩・平松紘編（1996）『戸籍と身分登録』シリーズ比較家族7　早稲田大学出版部

樋口陽一（2000）『個人と国家－今なぜ立憲主義か』　集英社

人見剛・須藤陽子編著（2010）『ホーンブック地方自治法』　北樹出版

人見剛（2014）「原発事故避難者住民と「仮の町」構想」学術の動向2014年2月号日本学術協力財団

平賀健太（1951）「住民登録制度に関する若干の問題」自治研究第27巻第7号　良書普及会

平田東助・中川望・梶康郎著（2010）『改正　市制町村制精義　全』日本立法資料全集

　　別巻715　信山社

復興庁・福島県・楢葉町（2018）「楢葉町住民意向調査　報告書」2018年3月

古川俊一編著（2003）『住民参政制度』最新地方自治法講座3　ぎょうせい

古谷省三郎編（1889）『市制町村制参考類編』　耕雲書房

星野英一著（1993）『民法概論Ⅰ（序論総則）』　良書普及会

堀内匠（2020）「第32次地方制度調査会「2040年頃から逆算し顕在化する諸課題に
　　対応するために必要な地方行政体制のあり方等に関する答申」を読む」自治総研通
　　巻502号2020年8月号　地方自治総合研究所

松沢裕作（2009）『明治地方自治体制の起源－近世社会の危機と制度変容』　東京大
　　学出版会

松沢裕作（2013）『町村合併から生まれた日本近代　明治の経験』　講談社

松下圭一著（1991）『政策型思考と政治』　東京大学出版会

松谷明彦（2009）『人口流動の地方再生学』　日本経済新聞出版社

三潴信三著（1933）『全訂　民法総則提要　上巻』　有斐閣

水本浩編（1995）『民法Ⅰ〔総則（1）〕』　青林書院

美濃部達吉著（1948）『選挙法詳説』　有斐閣

宮沢俊義（1954）「選挙法における住所について」自治研究第30巻第1号　良書普及
　　会

宮沢俊義（1972）『憲法（改訂版）』　有斐閣

宮本憲一著（1986）『地方自治の歴史と展望』　自治体研究社

武藤博己著（1995）『イギリス道路行政史－教区道路からモーターウェイへ』　東京
　　大学出版会

武藤博己著（2003）『入札改革　談合社会を変える』　岩波書店

武藤博己著（2008）『行政学叢書⑩　道路行政』　東京大学出版会

武藤博己（2019）「戸籍と人権－その現代的課題と対応」都市問題vol.110　2019年
　　5月号　後藤・安田記念東京都市研究所

村上順・白藤博行・人見剛編（2011）『新基本法コンメンタール　地方自治法』別冊法
　　学セミナーNo.211　日本評論社

明治法制経済史研究所編（1984）『元老院会議筆記　後期　第29巻』　元老院会議筆
　　記刊行会

森謙二（2014）「近代の戸籍の展開」茨城キリスト教大学紀要第48号　社会科学

森田朗編（1998）『行政学の基礎』　岩波書店

薬師寺志光（1923）「住所の複数」法学志林第25巻第1号

柳沢重固著（1915）『寄留法規詳説』　逍遥閣

柳澤孝主・菊池真弓（2012）「東日本大震災における楢葉町の災害対応（2）－避難先における福祉機能の維持と家族機能の再編に向けて－」いわき明星大学大学院人文学研究科紀要第10号別冊（2012.3）

山崎重孝（2011）「住民と住所に関する一考察」地方自治767号　地方自治制度研究会

山崎重孝（2017）「住民基本台帳法施行50周年に寄せて－住民基本台帳制度と私－」住民行政の窓447　2017年11月号　日本加除出版

山中永之佑（1991）「明治前期における地方制度の展開－幕藩体制下の村から明治17年の改正まで－」『近代日本地方自治立法資料集成1［明治前期編］』　弘文堂

山中永之佑（1994）「大日本帝国憲法の制定と地方自治制度」『近代日本地方自治立法資料集成2［明治中期編］』　弘文堂

山中永之佑（1995）「日本近代国家の成立と地方自治制」『近代日本地方自治立法資料集成3［明治後期編］』　弘文堂

山中永之佑編（2002）『新・日本近代法論』　法律文化社

山中永之佑（2003）『日本近代法案内－ようこそ史料の森へ』新・日本近代法論史料編　法律文化社

山本隆司著（2012）『判例から探求する行政法』　有斐閣

吉田善明著（1982）『地方自治と住民の権利』　三省堂

我妻榮著（1965）『新訂　民法総則（民法講義 I）』　岩波書店

渡部朋宏（2012）「大規模災害における基礎自治体の連携力　福島第一原発事故における楢葉町と会津美里町の事例」福島大学大学院地域政策科学研究科 修士論文

渡部朋宏（2016）「自治体連携のリアル～自治体はいかにして地域住民を守ったのか～」今井照・自治体政策研究会・編著『福島インサイドストーリー　役場職員が見た原発避難と震災復興』　公人の友社

渡部朋宏（2017）「福島原発事故避難の実態と「住民」概念の転換－統治のための住民から住民による自治へ－」自治体学vol.31-1（2017.11）　自治体学会

渡部朋宏（2018a）「震災復興の現状と課題」地方自治職員研修通巻708号（2018.3）　公職研

渡部朋宏（2018b）「楢葉町に見る自治体職員の生活実態と新たな課題　帰還できる町・楢葉町」戸田典樹編著『福島原発事故　取り残される避難者　直面する生活問題の現状とこれからの支援課題』　明石書店

渡部朋宏（2018c）「人口減少社会における「住民」概念の考察～福島原発事故避難自治体の実態から～」自治実務セミナー2018年12月　第一法規

渡部朋宏（2019）「「住民」概念の研究～統治される対象としての住民から自治の主体

としての住民へ〜」公共政策志林第7号2019年3月　法政大学大学院公共政策研
　究科

渡辺尚志（2017）『百姓たちの幕末維新』　草思社

【著者略歴】

渡部　朋宏（わたなべ　ともひろ）

1972年福島県旧新鶴村（現会津美里町）生まれ
法政大学文学部卒業、福島大学大学院地域政策科学研究科修了、法政大学大学院公共
　政策研究科修了
博士（公共政策学）
現在、福島県会津美里町総務課課長補佐

［共著］
『福島原発事故　漂流する自主避難者たち　実態調査からみた課題と社会的支援のあ
　り方』戸田典樹編著　明石書店（2016）
『福島インサイドストーリー　役場職員が見た原発避難と震災復興』今井照・自治体
　政策研究会・編著　公人の友社（2016）
『福島原発事故　取り残される避難者　直面する生活問題の現状とこれからの支援課
　題』戸田典樹編著　明石書店（2018）

［主要論文］
「大規模災害における基礎自治体の連携力　福島第一原発事故における楢葉町と会津
　美里町の事例」　福島大学大学院地域政策科学研究科　修士論文（2012）
「損害賠償にみる自主避難者問題」『三重苦を背負う自主避難者たち－母子避難者、県
　内自主避難者の声に耳を傾けて－』　平成25年度会津大学短期大学部競争的研究
　費（復興枠）事業（2014）
「福島原発事故避難の実態と新たな課題～楢葉町を事例に～」『チェルノブイリ原発事
　故被災者と阪神・淡路大震災被災者のインタビュー調査から福島原発事故を考え
　る』　日本学術振興会科研費研究（課題番号15H03109）福島原発事故により長期
　的な避難生活をおくる子どもの福祉・教育課題への学際的研究（2017）
「福島原発事故避難の実態と「住民」概念の転換～楢葉町を事例に～」『福島原発
　事故後6年に学ぶ』　日本学術振興会科研費研究（課題番号15H03109）福島原
　発事故により長期的な避難生活をおくる子どもの福祉・教育課題への学際的研究

（2017）

「福島原発事故避難の実態と「住民」概念の転換－統治のための住民から住民による
　自治へ－」自治体学vol.31-1（2017.11）　自治体学会（2017）【自治体学研究奨励
　賞受賞】

「震災復興の現状と課題」地方自治職員研修通巻708号（2018.3）　公職研（2018）

「人口減少社会における「住民」概念の考察～福島原発事故避難自治体の実態から～」
　自治実務セミナー2018年12月　第一法規（2018）

「「住民」概念の研究～統治される対象としての住民から自治の主体としての住民へ
　～」公共政策志林第7号2019年3月　法政大学大学院公共政策研究科（2019）

住民論

統治の対象としての住民から自治の主体としての住民へ

2020 年 12 月 10 日　第 1 版第 1 刷発行

　著　者　　渡部朋宏
　発行人　　武内英晴
　発行所　　公人の友社
　　　　　　〒 112-0002　東京都文京区小石川 5-26-8
　　　　　　TEL 03-3811-5701　FAX 03-3811-5795
　　　　　　e-mail: info@koujinnotomo.com
　　　　　　http://koujinnotomo.com/
　印刷所　　倉敷印刷株式会社

ISBN978-4-87555-851-4